작은 행복은 늘 함께 있어

작은 늘 함께 있어

행복은

권서희
에세이

STUDIO:ODR

프롤로그

행복의 기준은 사람마다 다르다. 누군가는 경제적 여유를, 누군가는 사랑하는 사람과의 관계를, 또 어떤 이는 꿈을 위해 노력하고 이루는 과정을 행복이라 여긴다.

한때 나에게 행복은 '더 많이 갖는 것'이었다. 더 많은 돈, 더 많은 사람들, 더 많은 꿈. 그것들을 손에 넣으면 행복은 자연스럽게 따라올 거라고 믿었다. 생각해 보면 나는 결핍이 참 많은 사람이었던 것 같다. 마음속 허기는 나를 조용히 갉아먹었고, 뭘 해도 좀처럼 채워지지 않아 조급하고 공허했다.

그렇게 결핍을 채우려 하루하루 쫓기듯이 살던 어느 날, 몸이 무너졌다. 갑작스럽게 생긴 피부 질환이 일상생활을 하는 것조차 어려울 만큼 심해져, 반년 가까이 집에서 회복에만 전념해야 했다. 처음에는 아무것도 하지 못하는 현실이 불안하고 답답했지만 돌이켜보면 그 일이 내 인생의 전환점이었다. 스스로를 돌아보고 행복의 기준을 다시 세우는 뜻깊은 시간이었다. 내가 늘 조급하고 공허했던 이유는 이미 가진 것들을 바라보지 못하고 채움에만 매달렸기 때문이었다.

항상 커다란 행복을 찾아 헤맸지만 정작 행복은 언제나 내 곁에 있었다. 햇살 좋은 날에 건강한 몸과 마음으로 자연을 만끽하며 산책할 때, 사랑하는 사람들과 마주 앉아 도란도란 이야기 나눌 때…. 이렇듯 작고 평범한 순간들이야말로 진짜 행복이었다.

『작은 행복은 늘 곁에 있어』는 행복을 찾아 헤매던 시간들의 기록이다. 이 책을 만나는 모든 이들이 인생의 작은 행복들을 발견하길 바란다. 그리고 더 자주, 더 깊이 행복해지길 진심으로 소망한다.

(프롤로그)

차례

하나 ──── 희망은 노트에 적혀 있었다　　　　　8

둘 ──── 지나간 사랑은 여름을 닮아　　　　　38

셋 ──── 환절기를 보내는 마음가짐　　　　　74

넷 ──── 멈추지 말자, 나만 아는 열심이라도　112

다섯 ──── 내 사람, 내 사랑　　　　　　　　162

하나

희망은 노트에 적혀 있었다

누군가의 행복을 부러워하기 일쑤였는데

나도 누군가가 부러워하던

행복 속에 살고 있더라고.

1

내 마음에
품은 행복

여러 번 볼 만큼 마음을 울리던 책과 영화가 시시해지고, 힘들 때 유일한 위안이 돼주던 음악도 어쩐지 별 감흥이 일지 않는다. 시간의 흐르면서 취향도 바뀌었기 때문일까? 내 삶을 가득 채우던 것들이 더는 기쁨을 주지 못한다는 생각이 들자 괜스레 허무해진다. 평생 좋아할 줄 알고 적당히 좋아하려 애썼는데. 한꺼번에 애정을 쏟으면 쉽게 질릴까 봐 걱정했는데.

그래서 이제는 좋아하는 게 생기면 넉넉하게 좋아해 보자고 마음먹는다. 시간이 흘러 더는 좋아하지 않게 될 수도, 좋아할 수 없는 상황이 올지도 모르니 아낌없이 애정을 쏟아주자고.

인생이 반짝이던 순간은 언제나 내가 무언가를 좋아하고 있을 때였다.

좋아하는 사람과 좋아하는 공간에 있을 때,
좋아하는 음악을 듣거나, 좋아하는 영화를 볼 때,
좋아하는 것들을 모아 하루를 장식할 때
삶이 행복하다고 느꼈다.
그럴 때 지친 몸과 마음이 회복되고 내일을 살아내고 싶은 희망이 생겼다.

취향은 끊임없이 바뀌고
열정을 다해 좋아하던 것도 시시해지는 날이 온다.
그렇대도 언제나 마음속에 좋아하는 것 하나쯤은 품고 살고 싶다.

하나. (희망은 노트에 적혀 있었다)

희망이라는 건
어쩌면

언제부턴가 희망이라는 단어가 무겁게 느껴졌다. 거창한 것을 바라는 단어 같아서. 희망을 가져보라는 말 역시 힘겹게 느껴졌다. 낼 힘이 없는데 힘을 내라고? 그런데 그게 아니었다. 희망은 대단한 게 아니었다.

좋은 노래를 찾아 들으며 나를 조금이라도 더 행복하게 해주는 일, 힘든 일이 있을 때 위로가 되는 글귀를 노트에 적으며 내일을 살아갈 힘을 얻는 일, 몸 상태가 좋지 않으면 더 심해지지 않도록 아픈 몸을 움직여 곧바로 병원에 가는 일, 무엇이 됐든 오늘과 어제보다는 더 나은 나를 바라는 일….

이게 다 희망이 아니라면 무엇이 희망일까. 그러니 내게는 항상 희망이 있었다. 지금보다 더 나은 사람이 되고 싶은 간절함 때문에 불안함까지 따라올 때도 있지만 그래도 괜찮다. 내가 희망을 품고 내딛는 걸음걸음이 결국 나를 좋은 길로 이끌 테니까. 나에게 희망이 있어서 정말 다행이다.

하나. (희망은 노트에 적혀 있었다)

3

연약한 나에게
기대를 건다

가을로 접어들 무렵 피부에 갑자기 트러블이 생겼다. 처음에는 대수롭지 않게 여겼다. 날씨가 건조해지면서 피부가 예민해진 거라고, 곧 괜찮아질 거라고 스스로를 다독였는데 괜찮아지기는커녕 갈수록 더 심해지기만 했다.

난생 처음 피부 관리를 받고 전문 병원에도 가봤지만 뾰족한 해결법은 얻지 못했다. 의사 선생님은 "어쩔 수 없어요. 피곤해서 생긴 거예요"라는 말과 함께 연고만 처방해 줬다. 간절한 내 마음과 달리 애매한 소견을 듣자니 힘이 빠졌다.

"도대체 뭐 때문에 이렇게 된 거지? 트러블 하나 안 나는 피부였는데" 하고 내가 답답해하자 엄마는 말했다. "전에 병원 갔을 때 의사 선생님이 그러시더라. 사람이 로봇이냐고, 어떻게 항상 상태가 같을 수 있겠냐고."

로봇도 오래되거나 작은 부품 하나에라도 문제가 생기면 정상적으로 작동하지 못하는데, 사람은 오죽할까. 불완전하고 연약하게 태어나 죽을 때까지 건강을 돌보아야 하는 게 사람이다. 건강하고 단단하게 살고자 노력하다가도, 쉽게 아프고 쉽게 무너지는 게 사람이다.

지금까지 나는 스스로를 강하다고 생각해 왔다. 그만큼 실패를 용납하기 어려웠고 실패하지 않으려다 보니 자꾸만 도망쳤다. 내가 완전하지 않게 태어난 연약한 사람이라는 걸 이제야 깨우쳤다. 이제는 나의 약함을 인정하자. 그리고 연약한 나에게 기대를 걸어보자.

조금 아프면 어때.

조금 무너지면 어때.

사람이 매 순간 씩씩하고

단단할 수는 없는 거야.

회복하면 돼.

다시 일어서면 돼.

괜찮아질 거야.

4

의심을 훌훌 벗어던진 날

"운동 신경이 둔한 사람도 합격할 수 있나요?" 운전면허 학원에서의 첫 수업 날, 배정된 강사에게 꺼낸 나의 첫 마디였다. 강사는 "솔직해서 정말 좋다! 물론이죠, 딸 수 있어요"라고 말하며 호탕하게 웃었다.

하지만 수업이 시작되자 강사의 웃음은 곧 탄식으로 바뀌었다. 강사가 "하느님, 맙소사!" 하고 외칠 때마다 나는 괜한 도전을 한 게 아닌가 후회스러웠다. 하지만 이미 수강료를 지불했고, 필기 시험도 합격했다. 이제 와 후회해 봤자 소용없었다. 어쨌든 기능 시험은 봐야 했다.

하나. (희망은 노트에 적혀 있었다)

기능 수업을 엉망진창으로 마치고 집으로 돌아와 운전면허 책과 노트를 폈다. 수업 시간에 배운 내용을 떠올리며 차근차근 메모했다. 혼자 정리하는 시간을 가지니 당황스러웠던 마음이 진정되었고 기능 수업 두 번째 날에는 강사의 탄식이 절반으로 줄었다. 점점 감을 잡아갈 수 있었다.

기능 수업의 마지막 날, 강사는 내게 "서희 씨, 이 정도면 합격하겠어요. 이제 마음이 놓이네" 하고 말하며 힘차게 응원해 주었다. 나는 그 말대로 기능 시험을 수월히 통과했고, 도로 주행까지 한 번에 합격했다.

결코 순탄하지만은 않던 나의 운전면허 취득 과정. 다들 쉽게 딴다지만 나는 몹시 자신이 없었다. 어릴 적부터 심한 몸치였던 데다 겁도 많은 성격이기 때문이었다. 어렵게 도전한 일인데 마음처럼 잘되지 않으니 괜히 벌인 일이라는 생각에 후회막심하던 날들…. 그래도 나를 믿고 또 믿으며 누구보다 진지하게 수업에 참여하니 높은 점수로 단번에 합격했다. 완전히 자신 없던 일에 용기 내어 도전하고 노력한 결과 나는 깨닫게 되었다. 자신의 가능성을 속단할 필요가 결코 없다는 것을.

누구나 도전은 어렵고 두렵다. 하지만 어렵고 두렵다는 이유로 '나는 잘 해내지 못할 거야' 하고 생각하며 포기하는 건 내가 더 멋진 사람이 될 수도 있는 기회를 버리는 일이 아닐까. 미래를 알 수도 없으면서 가능성을 판단하는 건 오만한 게 아닐까.

내가 가진 가능성을 속단하지 말자.
두려워하지 말고 도전하자.
의심하지 말고 노력하자.

모든 도전에 좋은 결과만 따라올 수는 없다.

하지만 도전은 좋은 기회를 가져다주며

좋은 기회는 좋은 결과를 가져다주기도 한다.

그러니 일단 도전하자. 내게 기회를 주자.

5. 우울한 마음 위로 뜬 무지개처럼

치과에서 일한 지 하루 만에 퇴사를 결심했다.

치과에서는 전에도 한 번 일해본 적이 있는데, 그때도 이번처럼 딱 하루 일하고 그만뒀다. 이번에 일하기로 한 치과는 집과 거리가 가까웠고, 근무 조건도 괜찮다 싶어서 별일이 생기지 않는 한 오래 다녀보자고 다짐했었다. 그런데 출근 첫날 업무를 맞닥뜨리자 내가 도저히 할 수 없는 일이라는 느낌이 확 들었다. 면접 때 들은 설명과 다른 점도 많았다. 열심히 배우면 익숙해지기야 하겠지만, 애초에 적성과 맞지 않아서인지 예상한 업무와 달라서인지 일하는 내내 빛이 들지 않는 감옥에 갇힌 것처럼 답답했다.

다음 날, 하루 만에 퇴사하는 게 어쩐지 낯 뜨거워 출근 시간보다 훨씬 이른 시간에 치과로 향했다. 날씨도 어쩜 그리 우중충하던지. 내 마음처럼 비가 주룩주룩 내리고 있었다. 축 처진 기분으로 버스에 탔을 때 엄마에게서 문자가 왔다.

맞춰서 되는 일이 있고 안 되는 일도 있어.
아닌 건 아니라고 얘기하고 와.
또 길이 있으니.

순간 우울하던 마음 위로 따뜻한 무지개가 떴다. 치과에 도착해 퇴사를 하는 사정을 설명하고 미련 없이 집으로 가는 버스를 탔다. 버스 창 너머로 우산을 들고 출근하는 사람들을 바라보는데 문득 한 가지 생각이 떠올랐다. 조건에 맞아도 마음에 맞지 않는다면 내 일이 아니다. 어디로 보나 괜찮은 사람이어도 나와 호흡이 맞지 않는다면 내 사람이 아니다. 집 근처 버스 정류장에 내리니 어느새 비가 그쳤고 마음도 후련해졌다.

자신이 가진 재능을 펼치며 살아가는 사람이나

자신의 단짝을 만나 함께 걷는 사람에게는

강렬한 빛이 난다.

나도 꼭 나만의 빛을 내보고 싶다.

감춰지지 않는 밝고 아름다운 빛을.

커다란 가방을 메는 이유

"왜 이렇게 무거워?" 어쩌다 내 가방을 들어본 사람들은 모두 깜짝 놀라며 이렇게 말하곤 한다. 나는 익숙한 무게지만 솔직히 가끔은 어깨가 빠질 듯이 무겁기도 하다. 왜 이렇게 무겁긴, 내 욕심 때문이지. 뭐 하나 빠뜨리면 아쉬운 마음. 어딜 가든지 가방을 한가득 채우고 다녀야 마음이 편한 성미라 미니 백은 상상도 못 할 일이다. 나에게 가방은 컬러도 디자인도 중요하지 않다. 무조건 넉넉한 크기가 최고다.

작년에는 심지어 사계절 내내 같은 가방을 메고 다녔다. 내가 필요하고 좋아하는 물건들을 최대한 많이 담을 수 있는 커다란 가방을.

내 마음의 크기도 내 가방처럼 커다랗다면. 그러면 담을 수 있는 사람도, 사랑도, 꿈도 많고 많겠지? 항상 마음이 커다란 사람으로 살고 싶다. 그래서 그 안에 좋은 것들만 채우는 내가 되고 싶다. 아직은 조그만 내가 품은 커다란 소망이다.

하나.　(희망은 노트에 적혀 있었다)

⑦ 화려하지 않아도
특별하게

엄마에게 내 태몽을 물어봤다. 보석이 가득한 방에서 가장 반짝이고 예쁜 보석을 하나 집어드는 꿈? 드넓은 꽃밭에 화려한 꽃이 활짝 피어 있는 꿈? 내심 이런 이야기를 기대하며 귀를 기울였다. 태몽에 크게 의미를 두지는 않지만, 이왕이면 화려하고 예쁜 꿈이면 기분이 좋을 것 같았다.

"삼각 모양의 오렌지. 시장에서 오렌지 파는 걸 봤는데, 삼각형이었어. 세 개가 있었는데 그중 하나를 골라왔지."

태몽이 고작 하나? 삼각 오렌지는 또 뭐야…. 지금껏 어디서도 들어보지 못한 태몽 이야기에 김이 샜다. 동생들을 임신했을 때는 신비롭고 멋진 태몽을 여러 개씩 꾸었으면서 나를 임신했을 때는 태몽을 한 개밖에 꾸지 않았다니. 게다가 겨우 꾼 태몽이 반짝이는 보석도, 화려한 꽃도 아니고 삼각형으로 된 오렌지라니. 허무하고 실망스러웠다.

나를 오래 본 주변 사람들은 나에게 엉뚱하고 독특한 면이 있다고들 말한다. 그리고 나도 그런 말을 듣는 게 은근히 좋았다. 남들과는 다른 특별함을 가진 것 같아서. 그렇게 따져보면 태몽이 나와 참 잘 맞는 것 같다.

나는 삼각 오렌지의 태몽과 함께 태어난 아이다.

반짝이지 않아도, 화려하지 않아도
자신만의 특별함을 가진 사람.
그런 사람으로 살아가고 싶다.

하나. (희망은 노트에 적혀 있었다)

① 어른은 꽤
따뜻하다

학교를 졸업하고 이제 막 어른이 된 스무 살의 여름. 집에서 도보로 7분 거리에 위치한 한의원에서 아르바이트를 하게 됐다.

나는 치료실의 보조 업무 담당으로 온장고 앞에서 찜질팩을 만들고, 환자가 오면 침대에 찜질팩을 준비해 두고, 치료가 끝나면 정리를 했다. 일은 단순했지만 몇 시간을 서서 일하니 허리가 아팠다. 벽에 몸을 살짝 기대봤다가 허리를 쭉 펴봤다가 이렇게 저렇게 다 해봤지만 허리 통증은 사라지지 않았다. 다행스럽게도 일주일이 지나자 적응이 되어

다리만 조금 부을 뿐 허리는 아프지 않았다.

그렇게 업무 환경에 어느 정도 적응되어 다소 편안하게 일하던 어느 날, 곤란한 사건이 하나 생겼다. 평소와는 달리 원장님이 나를 직접 부르셔서 진료실에 가보니 난감한 표정을 짓고 계셨다.

"서희 씨… 내가 월급을 잘못 준 것 같아요."

아르바이트 경력이 많지 않은 나는 당연히 월급이 제대로 들어올 줄 알고 첫 달 이후로는 따로 계산하지 않았다. 중간에 아르바이트 시간이 다섯 시간에서 네 시간으로 바뀌면서 월급도 줄어야 했는데 나도, 원장님도 미처 생각하지 못한 것이었다.

당황한 목소리로 어떻게 해야 하냐고 묻는 나에게 원장님은 차분히 말씀하셨다. "서희 씨가 평소에 열심히 일해주기도 했고, 내 잘못이기도 하니 이달까지 초과로 지급된 것은 용돈으로 써요. 이번 달부터는 월급이 적게 지급될 텐데 이해해 줘요."

하나. (희망은 노트에 적혀 있었다)

큰 돈은 아니라고 해도 돈을 더 받고도 왜 가만히 있었냐고 외려 따져 물을 수도 있었고, 잘못 지급된 만큼 이번 달 월급에서 차감할 수도 있었는데, 넉넉한 마음으로 이해해 주시는 원장님께 감사한 마음이 들었다.

원장님은 시간제 아르바이트였던 나에게 가끔 기프티콘을 보내주시기도 했다. "힘들 때도 있을 텐데 늘 웃으면서 일해줘서 고마워요"라는 메시지와 함께. 하루는 눈앞이 어두워질 정도로 배가 아파서 일하다 말고 병원 침대에 누워 있었다. 퇴근 후 원장님께 따로 연락을 드려 시급에서 한 시간만큼 차감해 달라고 하니, 아픈데도 참고 일해줘서 고맙다며 신경 쓰지 말고 푹 쉬라고 하셨다.

여러모로 잘 챙겨주시던 원장님과 함께 일하던 선생님들 덕에 잠깐 하려던 아르바이트를 1년 가까이 했다. 마지막으로 출근하던 날, 아래층에 있는 약국에서 산 비타민 음료 한 박스와 편지 한 장을 원장님께 드렸다. 항상 따뜻하게 대해주셔서 감사했다는 마음을 담은 편지였다.

서툴고 어리숙했던 나의 첫 사회생활. 그때 원장님의 따뜻한 호의 덕분에 나는 사회생활의 첫 단추를 잘 끼울 수 있었다. 오랜 시간이 지난 지금도 원장님은 내 기억 속에 따뜻한 어른으로 남아 있다.

하나. (희망은 노트에 적혀 있었다)

9
누구나
인생의 길치

스무 살 이상 나이 차이가 나는 직장 선배와 이야기를 나누다가 깜짝 놀라고 말았다. 예전에는 어딜 가든 지도 하나씩은 꼭 들고 다녔다는 것이었다. 오로지 지도에만 의지해 길을 찾던 시절이 있었다고? 나는 핸드폰 지도 앱으로 길을 찾는 것도 버벅대는데 지도로 길을 찾는 것은 얼마나 어려웠을지.

길치인 나는 낯선 곳을 갈 때면 가슴이 벌렁벌렁할 정도로 긴장이 된다. 밤에 혼자 낯선 길을 걷는 것은 상상도 하고 싶지 않다. 그래도 요즘은 세상이 좋아져 지도 앱에 출발지

와 도착지만 입력하면 쉽게 길을 찾을 수 있으니 천만다행! 이 시대에 태어난 것에 감사한다.

해가 무척이나 짧아진 초겨울의 어느 날, 버스를 타고 퇴근하던 중 창밖을 유심히 바라봤다. 칠흑처럼 어두워진 세상을 보니 두려운 마음이 들면서 이런 생각이 들었다.

'눈으로 보이는 거리도 어두우면 이렇게나 낯설고 두려운데, 보이지 않는 인생은 오죽할까. 지도도 없이 인생의 끝을 향해 나아가고 있다는 건, 아득한 인생을 어떻게든 살아낸다는 건 참 대견한 일이구나.'

우리는 누구나 각자의 인생에서 길치다. 초행길이기에 낯설고 헤매는 것도 당연하다. 때로는 길을 잃기도 하고 넘어지기도 할 것이다. 그러니 자꾸만 길을 잃는다고, 넘어진다고 자신을 너무 다그치고 나무라지 않았으면 좋겠다.

낯선 길도 여러 번 가다 보면 익숙해지는 것처럼
우리 인생도 그런대로 익숙해지는 때가 올 거야.

하나.　(희망은 노트에 적혀 있었다)

나와 처음을 함께해준 사람

무엇이든 처음이라는 건 특별하다. 그래서인지 많은 사람들이 첫사랑에 유난히 더 아파하고, 새해 첫날에는 이른 아침부터 해돋이를 보러 가며, 사랑하는 사람과 첫눈을 맞고 싶어 한다.

당신도 나에게 처음이었다.

처음인 당신 때문에 겨울만 되면 겨울바람에 아팠고, 빨리 갈 수도 있는 집을 우리가 자주 갔던 동네를 통해 가느라 늦게 도착하곤 했었다. 같이 앉던 그네에 괜히 앉아보기도 했다. 당신 생각이 날 때만 그러려고 했는데, 당신 생각은 항상 났다.

아니다, 당신이라는 사람이 그냥 좋았던 건데, 그동안 첫사랑을 핑계로 더 오래 좋아했던 것일지도 모른다. 불공평하다는 생각을 많이 했다. 그래도 굳이 불공평한 사랑을 했다.

어느새 봄이다. 아직 남아 있는 차가운 바람에 당신을 실어 영영 보낼 수 있기를. 오래도록 당신 것이었던 나의 겨울이 이제는 오로지 나의 것이 될 수 있기를.

둘

지나간 사랑은 여름을 담아

11

항상 너를
응원할 거야

안녕? 요즘 어떤 일상을 보내고 있니. 나는 가끔 오늘이 무슨 요일인지 헷갈릴 정도로 바쁘게 살고 있어. 해야 하는 일들이 매일 새롭게 쌓여 내가 뭘 좋아했는지도 잊어버리곤 해. 여유롭게 하루하루를 감상하듯 살면 참 멋질 텐데, 그게 어디 쉬운 일이겠어? 쉬는 날만큼은 그저 푹 쉬었으면 좋겠는데 복잡한 생각들을 내려놓지 못하고 끌어안고 있잖아. 또 몸은 왜 이렇게 쉽게 지치는지 집에 돌아오면 내 시간을 알차게 보내고 싶어도 눕기 바쁘지.

너는 어때? 너의 하루하루도 나와 비슷하다면 응원을 보내고 싶어. 신경 쓸 게 많은 일상이지만, 세상에 하나 뿐인 소중한 너를 잃어버린 채 살지는 않았으면 해. 뭐든 다 잘 살아 보겠다고 하는 일이잖아? 너의 행복도 틈틈이 찾으면서 지냈으면 해.

네가 어디에 있든 항상 응원할게.

둘. (지나간 사랑은 여름을 닮아)

평생 내것은
없기에

가끔은 오래된 것들을 대하는 나의 태도에 깜짝 놀란다. 평생 사용할 거라며 애지중지했던 물건을 아무렇게나 집어 던질 때, 보고 싶다는 마음이 들면 언제든 한달음에 달려가 만나던 사람을 이제는 사소한 핑계를 대며 보지 않을 때, 어떤 것보다 간절하고 떨리는 마음으로 대하던 꿈을 당장의 현실이 팍팍하다는 이유로 외면할 때.

무엇보다 귀하게 품었던 것들에 무심해지는 건 왜일까? 이미 내 것이 되어서, 처음 가졌을 때의 새로움이라든가 설렘을 잃어버려서 무심해진다. 그럴 수 있다. 사람의 마음이란

한결같지 않고 시간과 상황에 따라 변하게 마련이니까. 하지만 무심함을 괘념치 않고 내버려두는 기간이 길어지면 한때 내 것이었더라도 잃어버리거나 누군가에게 빼앗길 수 있다.

평생 내 것은 당연히 없다. 물건도, 사람도, 꿈도 잘 돌보고 마음을 써야 내 안에서 오래 빛나는 법이다. 그래서 귀했던 것을 대하는 나의 태도가 무심해질 때면 떠올려 본다. 처음 가졌을 때의 그 마음을. 그리고 내 것이 아니게 될 때의 마음을. 이 두 가지를 생각하면 내가 가진 것들이 한층 더 값지고 소중하게 여겨진다.

13

지나간 사랑은
여름을 닮아

더위에 취약한 나는 사계절 중 여름을 보내는 게 가장 힘겹다. 평소에는 무던한 성격이지만 뜨거운 한낮에 외출하면 나도 모르게 인상이 찌푸려지고 신경도 예민해진다. 더위에 대한 어린 시절의 유난한 기억도 있다. 어린 내가 여름날 무더위에 짜증을 내며 칭얼거렸는데, 아빠는 그런 나를 한참 동안 달래다 급기야 미워졌는지 볼을 살짝 꼬집었다. 그러자 나는 성질을 못 이기고 기절해 버렸다고 한다. 나도 아빠도 여름이 무척 괴로웠던 모양이다.

하지만 힘겨운 여름도 막상 지나가고 나면 이따금씩 생각난다. 여름의 푸르른 장면들 때문에. 여름을 알리는 매미의 울음소리, 초록색으로 물든 거리, 윤슬이 반짝이는 여름 바다에서 웃고 떠들며 각자의 추억을 만드는 사람들. 아름답고 싱그러운 장면들로 추억 속 여름은 미화된다.

뜨거운 여름을 보내던 어느 하루는 문득 그런 생각이 들었다. 지나간 사랑은 여름과 참 많이 닮았다고. 그때 나의 사랑은 분명 모든 걸 다 내려놓고 싶을 정도로 지치고 힘들었다. 그럼에도 가끔 생각나고 그리운 이유는 너무나도 아름답게 빛나는 장면들 때문이었다. 설렘과 긴장이 감돌던 첫 만남, 사사로운 이야기를 나누며 했던 저녁 산책, 근사한 곳에서 먹고 마시며 만든 추억들.

가끔 생각이 난다.
여름처럼 뜨거웠던 그 사랑이
너무나 아름다워서.

14

나는
어떤 어른일까

어른이 되고 싶으면서도, 어른이 되기 싫다.
내가 알고 있는 어른이 되기 싫다.

고등학교 2학년 때 쓰던 다이어리에 이런 말이 적혀 있었다. 그 시절 내가 알고 있던 어른은 어떤 모습이었기에, 어른이 되기 싫다고 적었던 걸까. 전혀 떠오르지 않으니 답답하고 구체적으로 써놓지 않은 게 후회스럽다. 정작 내가 그런 어른으로 자랐을지도 모르는데….

그동안 '어떤 사람이 되고 싶은지'에 대해서만 생각했고, 그렇게 좋은 사람이 되려고만 해왔다. 그런데 더 중요한 것은 '적어도 어떤 사람은 되면 안 되는지'에 대해 생각하는 것이었다. '되고 싶지 않은 사람'에 대한 나만의 기준을 정해놓고 노력하다 보면 내가 되고 싶은 사람에 가까워져 있을 테니.

그런 당신이 좋다

말은 번지르르하게 하는데 실속이 없고 진심은 빠져 있는 사람들을 많이 봤다. 겸손할 줄 모르고 타인을 깎아내리다가 망가지는 사람도 봤다. 그래서인지 점점 말수 적은 사람을 좋아하게 됐다. 한마디를 건네더라도 따뜻하고 깊은 의미를 담아 말하는 사람이 좋다. 말보다는 행동이 우선인 사람은 더 좋다. 나도 그런 사람이 되고 싶다. 말을 아끼는 대신 행동으로 보여주는 사람. 거만하지 않고 겸손한 사람.

⑯ 새로운 경험을
두려워하지 않고

"너는 해본 게 별로 없는 것 같아."

언젠가 친구에게 이 말을 듣는데 기분이 확 상했다. "네가 내 인생을 얼마나 안다고?"라고 톡 쏘아붙이고 싶었다. 사람 만나는 것을 아주 좋아하고 쉴 틈 없이 다양한 도전을 즐기는 친구에게는 나와 같은 집순이의 삶이 퍽 재미없어 보이는 모양이었지만, 나는 내 삶에 충분히 만족하고 있었기 때문이다. 집에서 혼자 시간을 보내며 오롯이 내가 원하는 것에만 집중하는 평온한 삶에.

둘. (지나간 사랑은 여름을 닮아)

포근한 이불 속에서 시간을 보내던 어느 새벽에 그 친구에게서 연락이 왔다. "나 3주 뒤에 부산으로 여행 가. 갈 수 있으면 같이 가자!" 나는 듣자마자 당황했다. 간단한 약속도 최소 몇 주 전에는 잡는 터라, 여행 계획이라면 최소 몇 달 전에는 잡아야 했으니까. 친구에게는 일단 자고 일어나서 다시 얘기해 보자고 대답했다. 평소라면 다음에 같이 가자고 바로 거절했을 텐데, 하필 친구가 가려는 곳이 전부터 가고 싶었던 부산이어서 마음이 들썩였다. 인터넷에 '부산'을 검색해 블로거들의 부산 여행 후기를 읽다가 잠이 들었다.

다음 날, 친구에게 갑작스러운 여행이 두렵다고 솔직히 털어놓으니 친구는 나를 이렇게 설득했다. "막상 가면 두려움보다는 즐거운 마음이 더 클 거야." 맞는 말이었다. 생각해 보면 대부분의 여행이 가기 전에는 부담스러워도 다녀오면 여운이 남았으니까.

준비를 하면서도 망설여졌던 부산 여행은 결국 내 인생에서 잊지 못할 여행이 됐다. 부산은 예상보다 훨씬 더 근사한 곳이었다. 대화 틈틈이 들리는 부산 사람들의 정겨운 사투리며 낙곱새와 밀면까지 나를 들뜨게 했다. 광안리 바다가 보이는 숙소에서 파도 소리를 들으면서 하루를 보낸 뒤, 해운대 일대를 따라 달리는 열차를 타고 바다를 바라볼 때는 부산에서 살고 싶은 마음까지 들었다. 여행을 다녀온 후 몇 주 동안은 부산 얘기만 할 정도였다.

"너는 해본 게 별로 없는 것 같아. 이것저것 새로운 경험도 하면서 살아봐."

언짢았던 친구의 말이 그제야 달리 들렸다. 그래, 이제부터라도 마음을 열고 세상을 부지런히 탐험하는 사람이 되어 보자. 세상에는 내가 아직 눈에 담지 못한 근사한 곳이, 경험하지 못한 벅찬 일이 많고 많을 테니까.

천천히
마음을 다하면

지금은 글씨를 잘 쓴다는 얘기를 심심찮게 듣고 있지만, 어릴 때부터 글씨를 잘 쓴 것은 아니었다. 초등학교 1학년 때 쓴 내 첫 일기장을 펼쳐 보면 글씨가 엉망진창이어서 내가 쓴 게 맞나 싶을 정도다. 형편없던 글씨는 학년이 올라가면 올라갈수록 차츰 다듬어졌다.

내 글씨가 다듬어진 것은 엄마의 덕분이다. 엄마와 함께 글씨를 쓰던 장면은 아직도 기억이 생생하다. 엄마는 연필을 쥔 내 손을 엄마 손으로 포개어 꽉 쥐고서 천천히 글씨를 쓰도록 도와주었다. 얼마나 꽉 쥐었던지 손이 아플 정도였다.

나는 성격이 급해 글씨를 대충 휘갈기기 일쑤였는데, 엄마랑 같이 쓰면 한 글자 한 글자 천천히 정성껏 써야 했다. 도저히 알아볼 수 없을 정도로 글씨를 쓴 날은 엄마가 그 페이지를 뜯어내 다시 쓰게 하기도 했다. 엄마가 정성 들여 글씨 쓰는 법을 알려준 덕에 나는 글씨를 잘 쓰는 사람이 되었다.

글씨를 잘 쓰려면 천천히 마음을 다해 힘을 주어 써야 한다. 그렇게 쓰는 게 처음에는 답답하고 어렵다. 하지만 연습의 경험이 쌓일수록 손에 힘이 길러지고 글씨가 점점 다듬어진다. 어찌 보면 사는 일도 이와 비슷하지 않을까? 자신에게 마음을 다하고 하루하루를 힘주어 사는 사람들은 점점 그 태가 난다.

매 순간 나에게 정성을 다하고 하루하루를 힘주어 살고 싶다. 항상 힘을 잔뜩 준 채 긴장하며 사는 것도, 힘을 완전히 뺀 채 포기하며 사는 것도 아닌, 하나뿐인 오늘 하루에 충분한 애정을 쏟는 삶. 그렇게 인생이 멋있고 찬란하게 뻗어 나가길 바란다.

둘. (지나간 사랑은 여름을 닮아)

오늘도
꿈을 닮아간다

프랑스를 대표하는 소설가이자 정치가였던 앙드레 말로는 "오랫동안 꿈을 그리는 사람은 마침내 그 꿈을 닮아간다"라고 말했다. 보자마자 바로 외워버릴 정도로 나에게 큰 위로가 되어준 말이다.

꿈은 갖고 있을 때에도, 갖고 있지 않을 때에도 나를 불안하게 만들었다. 꿈이 생기기 전에는 뭘 해야 할지 몰라서 불안했고, 꿈이 생긴 후부터는 내가 잘하고 있는 건지 자신이 없어서 불안했다.

그럼에도 내게는 꿈이 있다. 꽤 오래 간직한 꿈이어서 쉽게 포기도 못하고, 꿈을 가지고 산 지는 오래되었음에도 제대로 이룬 것 하나 없는 나의 모습이 두렵기도 하고 싫기도 하다. 그러나 자책은 이제 그만, 그만하자.

이왕 여기까지 온 거 끝장을 보자는 심정으로 기회와 시간이 주어졌을 때 열심히 꿈을 그릴 것. 자책 대신에 자신감을 가질 것. 당장은 꿈에서 멀리 떨어져 있는 것 같아도 어쩌면 한 걸음씩 가까워지고 있는 중인지도 모른다.

둘. (지나간 사랑은 여름을 닮아)

19

고마워,
고마워

오랜만에 편지를 보관해 둔 상자를 열어봤다. 10년 전쯤 친구가 생일 선물을 담아서 줬던 연두색 상자. 뚜껑을 열면 친구가 직접 그리고 오려 붙인 하트 모양 종이가 보인다. 이 하트가 아니었다면 이렇게 큰 상자는 방 청소를 하거나 이사할 때 이미 버렸을지도 모른다. 내 방에 있는 상자 중 가장 커다란 상자였으니까. 하지만 상자 안의 하트를 볼 때마다 직접 가위질과 풀칠을 해 정성 들여 만들었을 거라 생각하니 도저히 버릴 수가 없었고, 결국 편지 상자로 쓰게 됐다.

학창 시절부터 편지를 주고받는 게 무척이나 좋았다. 그래서 상자 안에는 꽤 많은 편지가 들어 있다. 평생을 함께하자고 약속했지만 지금은 어색한 사이가 된 사람의 편지, 연락처도 소식도 전혀 알 수 없게 된 사람의 편지, 여전히 내 곁에 있는 소중한 사람들의 편지. 하나둘 꺼내 읽다 보면 시들어 있던 그때의 장면들이 생생히 피어난다. 편지마다 다양한 색깔의 장면이 피어난다.

그래서일까. 편지를 읽으면 나는 마음이 따뜻해진다. '내가 편지는 못 쓰지만'이라든가 '나 원래 편지 잘 안 쓰는데'와 같은 글귀는 특히나 내 눈길을 끈다. 원래는 잘하지 않는 일을 나를 위해 해주었구나, 싶어 감사한 마음이 든다.

나도 누군가에게 그런 마음을 주며 살아봐야겠다.
그리고 그런 마음을 주는 사람을 내 곁에 두기로 한다.

사랑받고 싶다.

오래오래 기억되고 싶다.

딱 한 사람에게 만이라도.

20. 편지로 전하는 온기

모처럼 만나 즐겁게 놀고서 헤어지려는데 친구가 귀여운 고래가 그려진 영롱한 보랏빛 쇼핑백을 건넸다. 쇼핑백 안에는 선물과 편지가 들어 있었다. 친구는 만나면 가끔 이렇게 선물을 주었는데 손 편지는 오랜만이었다. 쑥스러운 듯 편지는 집에 가서 읽으라는 친구의 말에 나는 웃으며 고개를 끄덕였다. 자기가 건넨 편지를 바로 앞에서 편지를 읽으면 부끄럽겠지. 편지에는 평소에 전하지 못한 이야기와 진심이 적히곤 하니까.

친구가 무슨 말을 썼을까. 집으로 돌아와 설레는 마음으로

곱게 접혀 있는 편지를 펼쳤다. 시간이 지나도 여전히 정갈한 친구의 손 글씨가 빼곡했다. 한 줄 한 줄 찬찬히 읽어나가는데 친구에게서 처음 듣는 이야기에 순간 마음이 울컥했다.

> 안녕, 서희야. 내 마음을 글로 적어 전한 적이 별로
> 없는 것 같아 쑥스럽다.
> 나는 고등학생 때부터 네가 참 대단하다고 생각했어.
> 이맘때쯤 여름이었는데
> 네가 캘리그라피처럼 글씨 쓰는 걸 연습하고
> 있다길래,
> 신기해서 꿈이 뭐냐고 네게 물었지.
> 너는 또박또박 분명하게 '작가'라고 얘기했었는데,
> 기억나니?
> 꿈이 명확하고 꿈을 이루기 위해 매일을 기꺼이
> 투자하는 너를 보면서 진심으로 응원했어!
> 지금도 변함없이 많이 응원해.
> 나랑 친구가 되어줘서 고마워.
> 내 마음을 글로 전할 수 있는 오늘에 정말 감사하다!

둘. (지나간 사랑은 여름을 닮아)

친구가 나를 이렇게 기억해 주고 또 응원해 주고 있었구나. 오랜 시간 서로를 지켜보며 이제는 다 안다고 생각했는데, 친구가 나를 어떻게 바라봤는지는 처음 알았다. 편지를 주고받는 일이 많이 적어진 세상이지만 평소에 전하지 못했던 마음을 오롯이 표현할 수 있어서 나는 여전히 편지가 좋다. 앞으로 세상이 변하고 내가 나이가 들어도, 이것만큼은 꼭 남아 있으면 좋겠다.

편지를 쓰는 정성,
편지에 감동하는 마음,
편지를 주고받을 소중한 인연.

별것 아니어도
우리는 즐거웠다

"누나랑 보물찾기할래?" 초등학교 시절, 학교에서 돌아와 동생과 둘이서 집을 볼 때 나는 동생과 보물찾기를 즐겨 했다. 우리가 보물찾기하는 방법은 간단했다. 내가 집 안 곳곳에 쪽지를 숨겨 두고 첫 번째 쪽지의 위치를 동생에게 알려준다. 그러면 동생은 쪽지에 적혀 있는 내용을 확인하고 쪽지가 이끄는 대로 보물이 숨겨져 있는 위치까지 도착해 보물을 찾는다. 보물은 그때그때 달랐다.

용돈이 많을 때도 아니었기에 내가 숨긴 보물이라고 해봤자 샤프, 캐릭터 필통, 귀여운 핸드폰 고리 같은 것들이었다.

그런데도 동생은 그 놀이가 재밌어서 10년이 넘은 지금도 기억에 남는단다. 내가 숨겨놓은 쪽지를 동생이 하나씩 찾아낼 때 나 역시 어찌나 신나던지. 보물찾기 외에도 우리를 재밌게 하는 것이 그때는 많고 많았다. 가족들과 둥글게 모여 앉아 즐기던 보드 게임, 하나뿐이던 컴퓨터 앞에 동생과 나란히 앉아서 즐기던 플래시 게임, 놀이터에서 엄청 긴장되는 마음으로 "가위바위보!"를 외치며 술래를 정하던 얼음땡 놀이. 지금 생각하면 유치하고 시시하게 느껴지는 것들….

그때는 왜 그렇게 재밌었을까? 요즘에는 핸드폰만 켜면 호기심을 자극하는 영상이 넘쳐난다. 하나둘 보다 보면 어느새 한 시간쯤은 훌쩍 지나 있다. 겨우 마음을 잡고 핸드폰을 내려놓으면 금세 SNS 알림으로 진동이 울린다. SNS로 사람들의 일상을 구경하다 보면 또 시간이 휘리릭. 전보다 흥미롭고 자극적인 것이 많아졌는데 하루 끝에 피로감과 우울감이 많아진 것은 왜일까. 혼자 핸드폰으로 영상만 내리보며 건조하게 웃는 지금보다, 사소한 것으로 함께 웃고 뛰놀던 그때가 훨씬 즐겁고 행복했는지도 모른다.

점점 아득해지는 과거의 행복한 순간들이 가끔은 아쉽다.
그때는 지금보다 가진 것은 적어도 즐거움은 두둑했는데.

둘. 〔 지나간 사랑은 여름을 닮아 〕

22 추억이 방울방울

어린 시절에 즐겨 먹던 음식, 가지고 놀던 장난감, 자주 가던 장소 등을 다시 찾아보는 게 좋다. 남들이 이런 나를 보면 '추억팔이'를 즐긴다고 놀릴지 모르겠지만, 과거에 연연하는 것과 추억을 간직하는 것은 엄연히 다르다! 눈 깜짝할 새에 바뀌는 세상 속에서 내가 유일하게 지킬 수 있는 건 추억일지도 모른다.

네모스낵, 아폴로, 라면땅 등등 나는 어른이 된 지금도 소위 불량 식품이라 하는 간식을 종종 사 먹는다. 집 앞 문구점에서 쭈그리고 앉아 가장 많이 먹었던 불량식품 몇 개를 신중하게 고르다 보면 추억의 향기가 아련히 풍긴다. 어릴 때는 용돈이 적어 두세 개만 겨우 사 먹었는데 이제는 아무리 골라 담아도 내가 평소에 먹는 밥값, 아니 커피 한 잔 가격에도 못 미친다.

물론 어른이 된 지금의 삶이 불만족스러운 건 아니다. 마음만 먹으면 할 수 있는 일들이, 살 수 있는 것들이 어릴 때보다 많아졌으니까. 다만 다시는 되돌아갈 수 없는 시절의 내가 그리워서 잠깐이라도 그때의 향기를 맡는 것이다.

먼 훗날에는 지금 이 순간을 어떻게 기억할까?
어떤 추억을 소중히 간직할까?

과거의 향기를 그리워하는 지금 이 순간의 나도 먼 훗날 그리워하게 될 향기를 남기고 있다.

인생을 살며 잊어서는 안 되는 것

가지고 있는 것에 감사할 줄 모르는 사람은
소중한 것을 잃어도 한참이 지나고 나서야 후회한다.
당연히 내 것인 줄 알았던 것들이
당연하지 않았음을 그제야 알아차리기 때문에.

감사한 일이 더 이상 찾아오지 않는다고
불평하기 전에 주변을 먼저 돌아보자.
내가 가지고 있는 것들을 발견하고
그것들을 소중히 간직하자.

내 마음이
원하는 대로

가끔 옛날얘기를 하다 보면 친구는 학창 시절이 그립다고 말한다. 그때가 인생에서 제일 재밌었다고. 물론 나도 학창 시절이 그립지만, 한편으로는 생각하면 마음이 무겁고 힘들어 자주 떠올리지는 않는다. 그때의 나는 납작해진 풍선처럼 답답한 사람이었기 때문이다. 싫은 걸 싫다고 표현하지 못해 우유부단하게 행동했다.

학창 시절에 무언가 선택해야 할 일이 생기면 내가 원하는 것보다는 친구들이 원하는 것을 살펴 골랐다. 내키지 않는 약속이어도 불편한 상황을 만들고 싶지 않아서 나갔다. 나만 양보하면 평화가 유지될 거라고 생각했다. 그러한 노력은 분명 효과가 있었다. 학창 시절을 보내며 친구와 다툰 적이 거의 없었으니까. 하지만 지칠 때도 많았다. 내가 정말 괜찮아서 하는 양보가 아닌, 필요에 의한 양보를 했기 때문에.

그때 내가 하고 싶은 말을 했더라면.
그때 그 약속을 거절했더라면.
그때 내 선택을 존중해 줬더라면.

그랬더라면 나도 학창 시절이 조금 더 즐겁지 않았을까. 어리고 서툴던 학창 시절의 몇몇 장면들을 떠올려 보면 아직도 아쉬움과 후회가 나를 짓누른다. 그래도 그때의 나를 돌아볼 수 있게 되었다는 것은 전보다 내가 성장했다는 뜻이겠지?

상대방에게 맞추느라 자신이 무얼 원하는지도 몰랐던 아이가 이제는 자신을 드러낼 수 있는 솔직한 어른이 되었다.

사랑받은 만큼
오래 기억된다

어릴 때 내가 즐겨 먹던 아이스크림은 '토네이도'다. "맛의 폭풍이 몰려온다!"라는 광고 문구처럼 한 입 베어 물면 부드러운 초코 맛이 가득 느껴지는 토네이도 아이스크림. 어느 날 SNS에 '추억의 아이스크림'이라고 올라온 게시글을 봤는데, 거기에도 토네이도 아이스크림이 끼어 있었다. 아이스크림에 진심인 나는 홀린 듯이 아이스크림을 판매했던 제과 브랜드의 홈페이지에 들어갔다. 그리고 고객 센터에 이렇게 재출시 요청 글을 남겼다.

SNS에서 추억의 간식 관련해서 글이 올라올 때마다

반갑게도 토네이도 아이스크림이 자주 보이네요. 어릴 적 토네이도 아이스크림을 좋아했는데 어느 순간부터 안 보여서 아쉬웠습니다. 요즘 많은 간식들이 재출시를 하고 있는데 재출시 계획은 없으신가요?

그리고 얼마 후 답변이 등록되었다는 메일이 도착했고 설레는 마음으로 열어봤다.

안녕하십니까? OOOO입니다. 고객님께서 제안해 주신 내용에 대해 해당 부서에 전달하겠습니다. OOOO의 제품을 사랑해 주셔서 감사합니다.

"OOOO의 제품을 사랑해 주셔서 감사합니다." 무슨 까닭인지 메일의 마지막 문장이 계속 내 마음에 맴돌았다. 그래, 사랑받은 것들은 꽤 오랜 시간이 지나더라도 누군가의 삶에 추억이나 그리움으로 입력된다. 그렇게 사랑받은 것들은 오래 기억된다.

세상에서 완전히 잊히고 싶지 않아서 자꾸만 나를 드러내려고 애쓰던 때가 있었다. 내 흔적을 어딘가에든 하나씩 남겨

놓아야 안심이 되었다. 내가 갑자기 숨어버리거나 사라져도 누군가는 내 흔적을 보고 나를 기억해 주겠구나 싶어서. 그러나 오늘의 사소한 계기로 깨닫게 됐다. 사랑받은 것들은 오래 기억된다는 것을. 흔적을 많이 남기는 것보다 단 한 명에게라도 많은 사랑을 받는 것이 오래 기억될 수 있는 방법이었음을.

사랑받고 싶다.
오래오래 기억되고 싶다.
딱 한 사람에게라도.

내가 혹시라도 세상에서 숨고 싶어져 더는 나를 드러내지 않을 때에도 누구 한 명은 나를 추억으로든, 그리움으로든 기억해 줄 테니까.

둘. (지나간 사랑은 여름을 닮아)

셋

환절기를 보내는 마음가짐

26. 계절의 끝에 서서

계절이 바뀌려고 할 때면 비염을 달고 살았다.
새 계절을 받아들여야 지겨운
비염도 떨칠 수 있을 텐데
이미 지나간 우리의 계절을 지금도 보내지 못해서
여태 비염을 앓고 있다.

사실 겁이 났다.
새 계절을 받아들이는 것도,
변해버릴 날씨를 받아들이는 것도.

겁 때문에
지나간 계절의 끝에 간신히 매달려 있다.

셋. (환절기를 보내는 마음가짐)

27. 멍이 든 무릎을 보다가

좁은 통로를 드나들다가 부딪쳐서 무릎에 피멍이 들었다. 그러고 보니 부딪친 적이 한 번도 없는 게 이상할 정도로 좁은 통로였다. 그래도 나만 조심히 잘 다니면 되지 않을까 하고 신경 쓰며 다녔는데, 좁아도 너무 좁았던 탓인지 잠깐 방심한 사이에 한 번 더 크게 부딪쳤다. 그렇게 생긴 멍이 옅어질 생각을 안 한다.

한때 나의 좁은 통로였던 당신은 잘 지내고 있을까? 당신을 드나들던 그 시절, 나에게는 부딪치는 게 일상이었다. 나에게만 좁은 당신인 것 같아서 숨이 턱턱 막히기도 했다.

당신은 나를 잊었을지 몰라도 나는 당신으로 생긴 멍을 아직 갖고 살아간다. 언젠가 이 멍이 옅어진다면 어디에서든 꼭 만나자. 만나자마자 내가 사랑했던 그 눈빛으로 나를 한 번만 토닥여 주기를. 그동안 수고 많았다고, 앞으로는 행복만 하라고.

셋. (환절기를 보내는 마음가짐)

보낼 줄
알아야 한다

한때 나에게 뜨거웠던 사람을 보낸다는 건 힘겹고 아픈 일이다. 하지만 보내줘야 한다. 언젠가는, 반드시. 떠난 사람을 보낼 줄 알아야 내게 찾아오는 또 다른 사람을 맞이할 수 있다. 미련으로 꽉 찬 마음을 비워내야 새로운 사랑이 들어올 공간이 생긴다.

29.

무뎌진 줄
알았는데

감정적으로 힘들 때 줄기차게 듣던 노래를 재생했다. 노랫소리가 들리자마자 마음이 극도로 무거워지고, 하마터면 아픔 위로 쌓아 올린 시간마저 파사삭 무너질 뻔했다.

그 노래 하나로 겨우 버티고 살던 때가 있었는데, 이제는 고작 한 번을 제대로 듣지 못한다. 노래 가사와 멜로디에 욱여넣은 감정들이 너무 많아서.

이제야 잘 살고 있는 나는 그 노래를 다시 들을 자신이 없다. 많이 무뎌진 줄 알았는데 아직은 날카로운 기억이었다.

셋. (환절기를 보내는 마음가짐)

마음을 대청소하자

오늘은 대청소를 해야겠다 싶어서 몇 년을 한자리에 놓여 있던 가구들을 밀어냈다. 역시나. 밀어낸 그 자리에는 먼지가 소복이 쌓여 있었고, 잃어버린 줄만 알았던 물건들이 거기에 굴러 들어가 있었다. 쌓여 있는 먼지를 쓸어 내고, 찾은 물건을 제자리에 놓았다. 얼마만에 느끼는 후련함인지.

마음도 대청소를 해야겠다.
추억을 잠시 밀어두고 떨치지 못한 마음을 쓸어내자.
추억 안에 갇혀 살던 나를 다시 찾아내야겠다.

잠시만
쉬어 가자

화창하게 잘 지내다가도 갑자기 기분이 가라앉는 날.
마치 비 오는 날 분위기처럼.
주변을 돌아보면 온통 축축해서
괜히 슬픔이 몰려오는 그런 날.

그럴 때면 잠시 모두 내려놓고 쉬어 가자.
날씨도 화창할 때가 있고 궂을 때가 있는 것처럼
사람도 마찬가지니까.

누구든 무기력해지는 시기가 있다.

셋. (환절기를 보내는 마음가짐)

마음에 비가 올 때는
비를 피할 수 있는 곳을 찾자.
거기서 잠시 쉬어 가자.

존재만으로도 위로가 되는 사람을 만나
허심탄회한 대화도 나누고
경치 좋은 곳으로 훌쩍 여행도 떠나보고
작은 것이어도 좋으니 나를 위한 선물도 하고.
그러다 보면 슬픔은 조금씩 잦아들고
화창한 행복이 떠오른다.

누구나
실수한다

'그때 그러지 말걸…' 하고 후회하는 날이 있다.

누군가와 멀어졌을 때,
중요한 일이 그릇되어 버렸을 때,
자꾸만 나를 탓한다.
따지고 보면 나로 인해서가 아니어도
일어날 일은 일어나기 마련인 건데.

매 순간 티끌만큼의 후회도 없이 완벽하게 살려는 건 욕심이 아닐까.

셋. (환절기를 보내는 마음가짐)

사람은 완전한 존재가 아니기에
항상 올바른 선택을 하는 사람은 없다.
누구나 실수를 한다.

다만 기억해야 할 한 가지,
같은 후회를 반복하지 않도록 노력하는 것.

관계를 잠시
쉬어 갑니다

내가 한없이 작아 보일 때면 잠깐이라도 소위 잠수를 탄다. 사람을 만나는 약속을 줄이고 SNS를 멀리한다. 잠수의 기간이 길어질 것 같으면 당분간 약속을 잡지 않는다는 내용을 메신저 상태 메시지에 남겨두기도 한다. 다른 사람들의 이야기가 들리지 않으면 나에게 더 집중할 수 있고 마음도 조금 더 홀가분해진다. 짧은 잠수는 나에게도, 남에게도 휴식이 되어 좋다.

나의 첫 잠수는 20대 초반이었다. 몇몇 친구와만 연락하는 잠수 아닌 잠수를 탔다. 내 인생은 너무 보잘것없고 따분한

셋. (환절기를 보내는 마음가짐)

데, 다른 사람들의 인생은 너무 화려하고 즐거워 보여서였다. 다른 사람들의 소식을 계속 접하면 내가 나를 미워하게 될 것 같았다. 휴대전화에서 SNS 앱을 모두 삭제했고, 메신저에는 당분간은 연락이 어렵다는 상태 메시지도 올려두었다. 이렇게 적극적인 잠적은 난생처음이었다. 그동안 내가 스스로 사람들로부터 고립을 선택한 적은 없었기에 걱정이 되기도 했지만 그만큼 나를 위해 소모적인 인간관계와의 단절이 절실하기도 했다.

결과적으로 잠수는 나를 위한 좋은 선택이었다. 사람들의 소식이 들리지 않으니 비로소 내가 보였다. 사람들의 기준, 사람들의 속도, 사람들의 조건이 사라지고 오로지 내가 어떤 걸 좋아했는지, 지금 뭘 하고 싶은지, 잊히고 밀려났던 나의 중심이 되돌아왔다. 목표를 갖고 일을 하면서, 쉬는 날에는 취미 생활도 하면서 나만의 일상을 보냈다. 다른 사람들과 나를 비교하며 무의미하게 흘려보내던 하루하루의 가치가 밝게 빛나고 있었다.

34. 관계에 여유를
더하는 방법

"인간관계가 제일 어려워." 내 친구 C가 말했다. 가족만큼 가까웠던, 아니 어쩌면 가족보다 훨씬 더 가까웠을 친구들과 멀어지고 느낀 허탈함이 큰 듯했다. 나도 성인이 막 되었을 때 비슷한 이유로 실망하고 좌절한 적이 종종 있었다. 학창 시절 가족보다 더 많은 시간을 함께 보내며 서로 못하는 얘기가 없었던 친구들과 자연스럽게 멀어졌을 때는 그동안 함께 보낸 시간이 신기루처럼 느껴졌다. 내 기억 속에만 남아 있는 그런 꿈이었던 것처럼. 학창 시절에 만난 친구들은 평생 간다는 말이 모든 사람에게 해당하는 것은 아닌 모양이었다. 물론 성인이 되어서도 여전히 친한 친구들이 몇몇 있었지만 잃은 친구들이 더 많았다. 잃었다고 해야 할까, 잊었다고 해야 할까.

인간관계가 정리되어도 이제는 별스럽지 않고 자연스러운 일로, 오늘도 내일도 끊임없이 일어나는 일로 받아들인다. 혈연으로 맺어진 가족도 시간이 흐르면 각자의 삶이 생기면서 멀어진다. 가깝게 지내던 이웃이나 친구도 갑자기 소원해질 수 있다. 꼭 한쪽이 잘못하지 않아도, 다툼이 있지 않아도 멀어질 수 있다. 상황이 변해서, 사람이 변해서 관계가 끝으로 나아갈 수 있다.

이러한 사실을 받아들이자 인간관계에 조금 여유가 생겼다. 지금 내 곁에 있는 사람들이 더 귀하고 고마운 존재로 여겨졌다. 있을 때 잘하자, 가까울 때 잘하자는 마음으로 지금의 관계에 더 집중할 수 있게 되었다.

멀어진 관계에 크게 슬퍼하지 말자. 과거에 함께했던 사람들은 지난날 아름다운 추억으로 간직하고 지금 이 순간 함께하는 사람들에게 최선을 다하자. 누군가와 멀어지는 것을 받아들이면 인간관계는 산뜻해진다.

슬픔을 말없이
안아주다

멀리서는 보이지 않았던 네 슬픔 자국.
가까이 다가가니 너는 두껍게 걸친 웃음을 벗고
감춰왔던 슬픔 자국을 보여준다.

나는 그저 말없이 너의 삶을 안아준다.
그동안 세상에 긁히고 사람에 긁히고
오랫동안 짓무른 상처 갖고 사느라
고생 많았겠구나.
아무렇지 않은 척 감추고 사느라
많이 아팠겠구나.

셋. (환절기를 보내는 마음가짐)

어디에서든 꼭 다시 만나자.

만나자마자 서로를 토닥여 주기를.

그동안 수고 많았다고.

앞으로는 행복만 하라고.

조금씩이라도
채워나가면

지금의 나와 과거의 나를 비교하면서 여전히 나는 부족하구나, 뼈저리게 느끼고 크게 좌절하는 날이 있다. 그런 날에도 과거와는 단 하나, 마음가짐은 많이 달라졌음을 새삼 깨닫는다.

과거의 나는 나의 부족한 면을 잘 보지 못했다. 보여도 못 본 척 넘기기도 했다. 나는 원래 그런 사람이니까, 하며 단정 짓거나 포기하면 편하다고 생각하며 안주했다.

지금의 나는 나의 부족한 면을 인정하고 또 채워보려 노력한다. 아직도 부족한 면이 많지만 가득 채우지는 못해도 비어 있는 상태로 두지는 않으려 한다.

부족함을 인정하는 것이 처음에는 어려울 수 있다. 부족함을 마주하는 것이 부끄러울 수도 있다. 그러나 부족함을 인정하고 조금씩 조금씩 채워나가면 비로소 안정적인 사람이 되어 있으리라고 믿는다.

37

아프게 하는 사람을 곁에 두고 있나요

옷, 신발, 가방까지 여러 종류를 가지고 있어도 어쩌된 일인지 가장 편한 것 한 가지만 닳도록 사용한다. 새로운 것의 신선함보다는 익숙한 것의 편안함이 더 좋기 때문일까? 물건뿐만이 아니라 사람들과의 관계에서도 마찬가지다. 새로운 사람을 알고 싶은 호기심보다 익숙한 사람이 주는 안정감이 더 좋다.

며칠 전부터 잠깐만 걸어도 힘이 들 정도로 발바닥이 아팠다. 좋아하는 단화를 매일매일 신고 나갔는데 그게 문제였을까? 단화만 신지 말고 운동화도 번갈아 신으라며 잔소리하는 엄마에게 나는 "단화가 어떤 코디에도 무난하게 어울려. 나는 단화가 제일 편해" 하며 딱 잘라 말했었다. 그런데 단화를 신고 흡족했던 것은 내 취향이었지, 발은 아니었던 모양이다. 얇고 딱딱한 신발 밑창에 발바닥도 지칠 대로 지쳐버렸다. 모처럼 백화점에 간 날, 결국 밑창이 푹신한 운동화를 한 켤레 샀다. 3년만에 새 신발을 신고 집으로 돌아가는 길. 오랜만에 운동화를 신은 내 모습이 어색했지만 발걸음은 날아갈 듯 편안했다.

좋아한다는 이유로
편하다는 이유로
익숙하다는 이유로
나를 아프고 불편하게 하는 존재를 오랫동안 곁에 두고 있지는 않았는지.

마음은 지치고 힘든데
좋아하는 마음 때문에
아픈 것을 꾹 참으며 품고 있지는 않았는지.

오래 알고 지낸 사람이 언제나 나를 편안하게 해주는 것은 아니다. 그동안 느끼지 못했던 편안함과 안정감을 그동안 가까이 지냈던 사람보다 처음 만나는 사람에게서 느낄 수도 있는 것이다.

때때로 익숙한 관계를 점검하고 새로운 만남을 기대해야 하는 이유다.

관계를 건강하게
유지하려면

이상형에 대해 얘기할 때, "대화가 잘 통하는 사람이 좋다"라는 말을 들으면 그 말에 공감하기 어려웠다. 사고방식이 전혀 다른 사람이 아니라면 대화는 웬만하면 통하지 않나? 하고 생각했기 때문이다. 하지만 사람들과 말을 섞어볼수록 대화가 통한다는 건 의외로 어려운 일임을 깨닫는다.

상대방의 질문에 대답만 하며 자신을 꽁꽁 숨기려는 사람,
상대방의 이야기는 흘려듣고 자신만 드러내려는 사람,
공감과 위로보다는 지적과 충고가 앞서는 사람….

대화를 통해 낯선 사람과 순식간에 가까워지기도, 혹은 오래 알고 지낸 사람과 영영 멀어지기도 한다는 것을 다양한 사람들을 겪으면서 깨우치게 되었다.

건강한 대화는 관계를 튼튼하게 한다. 오랫동안 건강한 관계를 유지하기 위해서는 대화가 잘 통해야 한다. 서로의 말에 귀 기울여 주고 서로의 마음을 꺼내어 보여줌으로써 애정은 더 커지고 관계는 더 돈독해진다.

장난으로도
상처받지 않도록

불쾌한 말을 듣고도 괜찮은 척 웃어넘기던
과거의 내 모습이 떠오를 때가 있다.
그럴 때면 가슴 어딘가가 콱 막히는 느낌이다.

그때 나는 왜 듣고만 있었을까.
당신 지금 무례하다고 왜 말하지 못했을까.
소용없는 후회와 그때 받아쳤으면 좋았을 말이
계속 마음속을 파고들어 머리가 지끈거린다.

상대방이 장난처럼 툭 던진 말에 큰 상처를 받고도

셋.　(환절기를 보내는 마음가짐)

무거운 분위기를 만들고 싶지 않아서
뭐, 장난이니까 하고 애써 웃었던 날들.
그때는 나만 웃어넘기면 되는 일인 줄 알았다.

불쾌한 말을 듣고도
괜찮은 척 웃어넘기는 건
쉬운 방법일 수는 있어도 좋은 방법은 아니다.
진짜 괜찮은 게 아니라 괜찮은 척이기 때문에.

어떤 상처는 그냥 둔다고 사라지지 않는다.
상처가 덧나지 않게 제때 약을 바르고 치료해야 한다.
누군가의 장난으로 받은 상처라면 더욱 그렇다.

끝은
새로운 시작

지금껏 경험한 모든 끝에는 언제나 아쉬움이 뒤따랐다. 즐겁기도 하고 지루하기도 했던 학교생활이 끝나고 나니, 친구들과 풋풋하게 어울릴 수 있었던 시간에 마침표를 찍는 것이 아쉬웠다. 어설픈 만큼 고단했던 첫 아르바이트가 끝나고 나니, 매일같이 얼굴을 보던 분들과 헤어져야 한다는 사실이 아쉬웠다. 오래도록 이뤄지길 바랐던 꿈이 드디어 이뤄지려는 순간에는 꿈꾸는 순간이 끝나버리는 게 아쉬웠다.

하지만 끝은 언제나 새로움이라는 선물로 나를 위로해 주었다. 학교생활은 끝났지만 사회로 나와 시작하면서 내 인생에 더 책임감이 생겼고 아르바이트를 하며 만난 분들과의 인연이 끝난 후에는 새로운 직장에서 더 많은 사람들을 만났다. 오랫동안 바라온 꿈을 이루고 난 후에는 새롭고 더 멋진 꿈을 꾸게 되었다.

끝을 아쉬워하지 말자.
내일은 어제보다 더 나은 무언가를 시작하게 될 테니까.

나라고 못할 게
뭐가 있겠어

학교를 졸업하고 첫발을 내디딘 사회는 예상보다 더 매몰 찼다. 무엇이든 해보면 될 줄 알았던 나는 집에 도로 틀어박혀 허구한 날 무기력하게 소파에서 잠만 잤다. 꿈을 위해 열심히 공부하고 일터로 나가 경력을 쌓으며 어른이 착착 되어가는 친구들을 보니 내 모습이 견디기 힘들 만큼 초라했다. 우울과 무기력에 사로잡혀 친구와의 연락이나 만남도 최대한 피하고 은둔 생활을 했다.

하루하루를 무의미하게 보내다가 유튜브에서 다양한 사람들의 인생 이야기를 접했다. 그러자 정신이 번쩍 들었다. 나보다 더 힘든 상황에서도 악착같이 버텨내 꿈을 이룬 사람들이 참 많았다. 나라고 못 할 게 뭐가 있겠어? 배짱을 부려보고픈 마음이 솟았다.

특히 4개월 된 딸을 혼자 키우며 생계도 막막했지만 꿈을 포기하지 않고 계속 글을 썼다는 조앤 롤링의 이야기가 감명 깊었다. 가장 힘든 시기에 『해리포터』를 세상에 내놓고 전혀 다른 삶을 살게 된 그녀의 이야기는 특출난 재능도 화려한 배경도 없는 내게 큰 위로와 용기를 주었다.

'그래, 지금처럼 시간 여유 있을 때, 뭐든 하고 싶은 거 다 해보자!' 다시 한번 씩씩하게 살아보자는 결의를 다지며 어지러웠던 마음을 정리했다. 그리고 마음 깊은 구석에 버려둔 채 잊고 있던 귀하디귀한 내 꿈과 다시 마주했다.

나는 메모장을 열어 내 이야기를 적었다. 새하얀 화면 위 깜박이는 커서에서 한 자 한 자 나의 말들이 생겨났다. 단어가 문장이 되고 문장이 문단이 되며 짧게나마 한 편의 이야기가 완성되어 가는 것을 볼 때면 가슴이 벅차올랐다. 어떤 것에도 방해받지 않는 고요한 새벽마다 글을 썼다. 남몰래 내가 가장 좋아하는 일을 매일 쌓아나갔다.

급기야 SNS에 글 계정을 만들어 올리기 시작했는데 내 예상보다 더 많은 사람들의 공감을 받았다. 그렇게 모인 글을 모아 책을 만들었고 운 좋게 지금까지도 글을 쓰고 있다.

이젠 안다.

세상에서 내가 제일 하찮은 존재로 느껴질 때,
이룬 것 하나 없는 인생을 살고 있다는 생각이 들 때,
인생을 바꿀 기회가 따라오기도 한다는 것을.

셋. (환절기를 보내는 마음가짐)

지금 많이 힘들지만

치열하게 버텨보자.

우리는 꼭 행복할 거야.

극복은
작고 소박하게

"버티는 일도 지치고 힘들 때는 어떻게 해야 할까요?" 종종 SNS 다이렉트 메시지로 이런 질문을 받는다. 어떤 방법이 효과가 좋았더라? 힘들던 지난날들을 하나둘 떠올려보니 거창하지는 않아도 나만의 소박한 방법들로 조금씩 극복해 왔음을 새삼스레 깨닫는다.

나는 좋아하는 가수의 콘서트에 가서 허리 아픈 줄도 모르고 몇 시간을 서서 응원을 했고, 좋아하는 노래를 모아 만든 나만의 플레이 리스트를 들으며 동네 산책을 했다. 친구와 분위기 좋은 곳에서 맛있는 음식을 먹으며 허심탄회하게 힘든 얘기를 나눴다. 그렇게 해도 나아지지 않을 때에는 글을 썼다.

상황마다 끌리는 방법이 다르긴 했어도 효과는 전부 확실했다. 콘서트에 다녀오니 콘서트장을 꽉 채우던 열기가 여운으로 남아 지루하고도 고된 일상을 행복하게 지낼 수 있었고, 동네 산책을 하고 난 후에는 하루치의 걱정과 고민을 툭툭 털어내고 한결 편안한 마음으로 잠들 수 있었다. 글을 쓰거나 친구와 얘기를 나누고 나면 마음속에 맺혀 있던 응어리가 스르르 풀어졌다.

쉴 새 없이 어딘가를 향해 나아가는 우리 모두에게 도망칠 곳 하나쯤은 있어야 한다. 거창한 비법이 아니라 작고 소박한 방법들이 결국 비틀거리는 우리를 다시 일으켜 세워줄 것이다.

우리 함께
밝은 곳으로

어둠 속에 있어도 이리 밝게 빛나는 당신인데
빛 아래에 있을 때는 얼마나 더 찬란하게 빛날까.

어둠이 익숙해져 빛으로 나오는 게 두려운가요.
더는 걱정 말아요. 당신의 가림막이 되려고 왔어요.
천천히 천천히 나와 함께 밝은 곳으로 나가요.
지금부터 당신의 찬란함을 온 세상에 자랑하러 밖으로 함께 나아가요.

셋. (환절기를 보내는 마음가짐)

넷

멈추지 말자,
나만 아는 열심이라도

44

있는 그대로의
내가 좋다

나는 내향적인 성격이다. 초면에는 낯가림도 많이 하고, 가까워지기 전까지는 가벼운 장난도 치지 못한다. 나는 이런 내 성격이 꽤 오랫동안 불만이었다. 외향적인 사람들이 새로운 사람들과 쉽게 가까워지고 늘 사람에 둘러싸여 있는 걸 보면서 부러워했다.

내향적인 성격 탓에 학창 시절에는 학기가 바뀔 때마다 긴장이 되기도 했다. 새로운 사람을 만나고 가까워지는 게 내게는 무척 어려운 일이었다. 마음이 편치 않으니 식욕이 떨어져 새 학기마다 살이 빠졌다. 다른 친구들은 설레고 들뜬 채

맞이하는 3월이 나에게는 고역이었다.

나의 마지막 학창 시절, 고3이 된 봄에 친구 빈과 혜를 만났다. 빈은 외향적이지만 혼자서도 잘 지낼 것 같은 독립적인 친구처럼, 혜는 별것 아닌 일에도 호탕하게 웃지만 가까운 사람에게만 속마음을 드러낼 것 같은 친구처럼 보였다. 취향도, 성격도 참 달랐지만 우리는 이상할 만큼 빠르게 친해졌다. 빈과 혜와 있으면 낯선 장소를 돌아다니다 익숙한 동네에 막 도착한 것처럼 편안한 느낌이 들었다.

천천히 흐를 것만 같았던 고3 시절이 어느새 지나가고 졸업을 했다. 사회인이 된 우리는 눈코 뜰 새 없이 바빠졌지만 멀어지지도 어색해지지도 않았다. 관계를 유지하려고 주기적으로 만나거나 연락을 한 것이 아닌데도 그랬다. 빈과 혜와 어울리면서 나는 내 성격을 점점 자연스럽고 편안하게 받아들이게 되었다. 외향적인 사람이 되어야만 친구들을 곁에 둘 수 있는 것은 아니구나, 또 친구를 많이 사귀려고 애쓸 필요도 없겠구나 하는 마음이 들었다.

자신과 마음이 잘 통하는 친구 몇 명과 찰떡같이 붙어다니

길 좋아하는 사람도 있고, 끊임없이 새로운 사람들을 만나며 다양한 사람들과 어울리길 좋아하는 사람도 있다. 저마다 자신이 바라는 관계의 형태가 다를 뿐 옳고 그름을 따질 순 없다. 내가 온전히 내 모습일 수 있게 해주는 사람들을 만나며 각자의 방식으로 좋은 에너지를 주고받는 것이 중요할 뿐이다.

지금 나는 내향적인 내 모습 그대로 마음에 든다. 시간이 흘러 내가 외향적인 사람으로 변한다면 외향적인 내 모습도 그대로 좋아할 것이다.

부러움이 마음을
갉아먹고 있다면

다이어리에 여러 번 적었을 만큼 간절했던 내 소원은 내 이름으로 된 책을 출간하는 것이었다. 출간만 하면 더 바랄 게 없을 것 같았다. SNS에 올린 글이 책 출간으로 이어지는 작가들을 볼 때마다 부러움이 밀려왔다. 내가 쓴 글을 책으로 출간해 독자와 만나게 된다면 얼마나 감격스러울까. 그런 기회가 온다면 내 인생 최고의 선물일 텐데.

그런데 첫 책을 출판사와 계약하고 출간을 준비하면서 가장 큰 슬럼프가 왔다. 글을 쓰며 간절히 원하던 소망이 겨우 이루어졌는데 기쁜 마음으로 열중해야 할 시점에 슬럼프라니. 어찌저찌 마감을 하고 첫 책이 나왔을 때는 기쁜 마음보다도 무거웠던 짐을 내려놓아 홀가분한 마음이 더 컸다.

그랬던 내가 지금은 세 번째 원고를 쓰고 있다. 책을 출간하고 싶어서 출판사에 원고를 셀 수 없이 투고하던 내 모습이 떠오르면서 이번에는 그때의 내가 부러워진다. '그때는 쓰고 싶으면 쓰고 쓰기 싫으면 그만 두는 자유로움이 있었지.' 다른 사람들을 부러워하는 것도 모자라 과거의 나까지 부러워하고 있다니, 피식 웃음이 나온다.

남의 떡이 커 보인다는 말이 있듯이 살다 보면 남의 떡과 내 떡을 비교하며 울적해질 때가 있다. 습관처럼 비교하는 자신을 돌아보며 왜 자꾸 남들과 비교하게 될까 하고 자책하기도 한다. 하지만 더는 그러지 말자. 남보다 좋은 것을 가진 사람은 그걸 갖기 위해 시간과 노력을 들였기 때문이고, 가진 후에 또 다른 어려움과 맞닥뜨리기도 한다.

비교하는 마음이 우리 삶을 갉아먹지 않도록 다른 곳에 시선을 빼앗기지 않고 오로지 지금의 나에게 집중하는 연습을 하자. 내가 못 가진 것을 가지고 있는 사람들을 부러워할 시간에 내가 가질 수 있는 것이 무엇인지를 고민해 보자. 분명 나만이 가질 수 있는 것들이 존재할 테니까.

넷. (멈추지 말자, 나만 아는 열심이라도)

살면서 누군가가 부러워질 때가 있었다.

자주 부러워하다 보면

부러움이 열등감으로 변해서

나를 한없이 갉아먹곤 했다.

내가 반쯤 작아졌을 때 결심했다.

부러운 마음을 오래 지속하지 말기로.

열등감이 나를 갉아먹게 하지 말기로.

전에는 멋있는 사람을 부러워하며

스스로를 부끄럽게 여기고 미워했다면

이제는 나에게 용기와 기회를 준다.

저 사람도 했으니 나도 할 수 있다고.

부러운 마음을 지렛대 삼아

멋진 인생을 지어보기로 했다.

차곡차곡
쌓인 일기처럼

학창 시절에 받은 상 중에서 제일 특별한 상은 일기상이다. 나는 일기 쓰기를 공부보다도 성실히 했었다. 물론 자발적으로 쓴 건 아니고 학교에서 숙제로 내주어 쓴 것이었지만.

어릴 때는 일기 쓰는 게 귀찮기만 했었는데, 나이가 들면 들수록 일기 쓰기를 숙제로 내주신 선생님들께 감사한 마음이 든다. 어릴 때 써놓은 일기가 없었더라면 지금의 내가 그 시절을 이렇듯 생생하게 기억할 수 있을까.

한편으로 내가 글을 통해 내 생각을 쉽게 표현할 수 있는 것도 일기를 써온 습관 덕분이다. 매일 학교에 다녀오고 숙제하고 밥을 먹는 똑같은 일상을 살며 일기를 쓰는 게 무슨 의미가 있는지 의아할 때도 있었지만, 이제 와 보니 무엇보다 가치 있는 일이었다.

예전에 그런 말을 들은 적이 있다. 지금 하는 일이 쓸데없어 보여도, 살면서 언젠가는 반드시 도움이 될 거라고. 그 말을 믿어보려 한다. 내가 하는 일의 의미를 알 수 없고 때로는 무가치해 보여도 오늘의 시간이 차곡차곡 쌓여 더 큰 나를 만들어내리라 믿는다.

나도 그래

누군가의 위로가 절실히 필요하지만
아무에게나 쉽게 힘들다는 얘기를 털어놓지는 않는다.

나와 다른 삶을 살고 있는 사람의 깊은 위로보다도
나와 비슷한 삶을 살고 있는 사람의 얕은 한숨이
더 위로가 돼서.

"뭔지 알 것 같아"보다
"나도 그래"에 더 힘이 난다.

내가 먼저
나를 아껴줄 것

타인의 장점은 잘도 찾아내면서
나의 장점은 찾아내지 못하고
타인의 장점을 칭찬할 줄은 알면서
나에게서는 단점만 찾아내 자책하기 바쁘다.

타인의 사랑을 바라기 전에
내가 먼저 나 자신을 사랑해야 했다.

서툴게 한 번이면 충분하다

한 번쯤 해보고 싶지만
잘하고 싶은 욕심 때문에 망설이다 보면
결국 시도도 하지 못하는 일들이 생겨난다.

잘하지 못할까 봐 아예 해보지도 않는 것보다
서툴더라도 한번 해보는 편이 낫다.

서툰 한 번이 두 번이 되고
그렇게 여러 번 하다 보면
잘하게 될 수도 있으니까.

넷. (멈추지 말자, 나만 아는 열심이라도)

팍팍한 세상 속
말랑한 푸딩이 되자

나는 푸딩이 좋다. 음식을 빨리 먹는 편인데도 푸딩을 먹을 때만큼은 티스푼으로 조금씩 퍼서 천천히 음미하며 먹는다. 입에 넣자마자 부드럽게 녹아내리는 식감을 만끽하고 싶어서다. 귀여운 크기에 비해 가격은 귀엽지 않지만 아무래도 좋다. 1만 원도 안 되는 가격으로 충분한 행복을 느낄 수 있으니.

얼마 전 친구들과 모인 자리에서 한 친구가 말했다. "나는 단단한 사람이 되고 싶지 않아." 평소 단단한 사람이 되어야지, 다짐하곤 했던 나조차 어쩐 일인지 친구의 그 말에 단번에 공감했다. 나는 특별한 이유가 있어서 단단한 사람이 되고 싶던 게 아니었다. 그저 험난한 세상을 살아가려면 단단한 사람이 되는 게 좋겠지 하고 생각했을 뿐이다.

유독 세상이 팍팍하게 느껴지는 날에는 푸딩을 사 먹기로 하자. 한 입, 두 입 부드럽게 녹아내릴 때 뻣뻣하게 굳어 있던 몸과 마음도 무장해제될 테니.

푸딩처럼 말랑하고 부드러운 사람이 되어
팍팍한 세상을 녹여보고 싶다는 소망을 품어본다.

51

슬럼프는
안고 가는 것

슬럼프가 예전처럼 두렵지만은 않다.
내가 이 일을 얼마나 사랑하는지
잠들어 있던 나를 흔들어 깨워주었기 때문이다.

슬럼프는 다 내려놓고 포기하는 것이 아니라
안고 나아가는 것.

현실 앞에서 쉽게 무너지지 않는 법.

나라도 내게
확신이 있어야 한다

누구에게든 놓지 못하는 끈이 있다. 사람에게 그렇게 데이고도 사람을 놓지 못하는 사람. 변해버린 사랑을 보내지 못하고 사랑을 갈구하는 사람. 다른 이의 따가운 시선에도 도달하기 어려운 꿈을 놓지 못하는 사람. 모두 손에 끈을 쥐고 있다.

나에게도 놓지 못하는 끈이 있었다. (물론 지금도 있다.) 잡은 끈이 무거워서 자주 힘이 들어도 놓는 게 쉽지 않았다. 한번 놓으면 다시 잡을 수 없을 것만 같고, 내가 놓으면 아무도 잡아주지 않을 것 같아서.

넷. (멈추지 말자, 나만 아는 열심이라도)

내가 끈을 놓는 순간이 바로 끝이라는 말을 들었을 때부터 나는 더 끈기 있게 붙잡았다. 쉽게 놓아버리지 않았다. 적어도 나만큼은 끈을 놓지 않아야 하고, 나를 끝까지 믿어야 하고, 나라도 내게 확신이 있어야 한다.

나만의
정원을 거닐며

늘 그랬다.
가진 것보다는 갖지 못한 것에 시선이 갔고
이룬 것보다는 이루지 못한 것에 얽매여 상심했다.
일주일이 행복해도 다음 날 하루를 망치고 나면
삶이 불행하다 느꼈다.

나만의 정원에서 다채로운 꽃들을 가꾸고 있으면서도
다른 정원의 꽃 하나를 보면 내 정원을 형편없이 여기고
잠깐 지나간 소나기에 꽃 하나 떨어지면
정원이 황량해졌다고 비관했다.

넷. (멈추지 말자, 나만 아는 열심이라도)

그러던 어느 날 내 정원을 쭉 둘러보고 알게 되었다.
내 정원도 다른 정원 못지않게
충분히 무성하고 아름답다는 것을.

막연하게만 생각하던 내 꿈들이
고된 일상 속 나에게 희망이 돼 주는 사람들이
내 정원에 다채롭게 피어 있었다.

타고나지 못했어도
괜찮다

가끔은 타고나지 못했다는 생각이
꿈을 이루는 길에 먹구름을 드리운다.
하던 일을 다 멈추고만 싶다.

하지만 타고난 사람은 타고난 대로
타고나지 않은 사람은 타고나지 않은 대로
가치 있음을 기억하기를.

타고난 사람은
꿈에 빠르게 도달할 수 있는 속력을 가졌다면

넷. (멈추지 말자, 나만 아는 열심이라도)

타고나지 않은 사람은
꿈에 도달하기까지 필요한 마음가짐을 가지고 있다.
인내하는 마음, 열정을 쏟는 마음, 낮아지는 마음을.

그러니 괜찮다.
견고한 마음으로
오롯이 꿈을 품으며 나아가고 있으니.

정말
듣고 싶던 말

네가 어떤 모습을 하든 자랑스러우니까
네가 원하는 모습으로 살아.

나는 그런 너를 사랑할게.

넷. (멈추지 말자, 나만 아는 열심이라도)

"뭔지 알 것 같아"보다

"나도 그래"에 더 힘이 난다.

잠시 멈춤

긴 인생을 살다 보면 정체기도
한 번쯤 찾아오기 마련이다.

정체기 없이 성장만 한다면
물론 아주 큰 사람이 될 수도 있겠지.

하지만 정체되어 있을 때
주변을 돌아보는 것도 좋다.

묵묵히 나를 응원해 주는 사람들에게

고마운 마음을 표현하고
인생의 목표와 꿈을 다시 떠올려 보면서
한 걸음 더 나아갈 힘을 얻어도 좋다.

넷. (멈추지 말자, 나만 아는 열심이라도)

쉼도 일만큼
성실하게

간절히 원하던 직장에 입사했을 때, 나는 이곳에 뼈를 묻겠다는 마음으로 일했다. 출퇴근 거리가 멀고 교통편도 불편해 몸은 고단했지만 마음은 즐거웠다. 매일 사무실에 가장 먼저 도착해 자리에 앉아 있었을 정도로 나는 회사에 가는 게 좋았다.

그렇게 6개월 정도 회사를 다녔을까? 몸이 슬슬 고장 나기 시작했다. 태어나서 처음으로 아토피가 갑자기 생겼다. 출퇴근길 좁은 버스 안에서 가려운 팔오금을 때리고 꼬집다 보면 상처가 났다.

당시에는 생활 습관도 아주 불규칙했다. 퇴근 후 저녁 시간을 의미 있게 보내고 싶어서 매일 늦게까지 깨어 있었다. 늦게 자고 일찍 일어나는 나에게 몸은 쉬어야 한다고 계속 신호를 보내는데도 나는 신호를 여러 번 무시했다. 약 먹으면 괜찮아지겠지, 정신력으로 버티면 되겠지 하고 방심하면서.

당연한 결과로 몸은 더 안 좋아졌다. 손등에 두드러기처럼 빨간 점들이 올라오고, 얼굴도 퉁퉁 부었다. 낮에는 심하게 부은 얼굴을 볼 자신이 없어서 거울을 피해 다녔고, 밤에는 피부가 간지러워서 새벽이 오도록 얼굴에서 아이스 팩을 떼지 못했다. 방전된 상태로 하루하루를 버티던 나는 결국 직장에 뼈를 묻기는커녕 1년도 채우지 못하고 퇴사했고, 그 후 몸이 원래대로 돌아오기까지 꽤 오랜 휴식이 필요했다.

몸이 한번 망가져 보니 알겠다. 체력도 능력이라는 사실을. 몸이 방전되지 않게 잘 살피고 관리하는 것도 능력인 것이다. 게으르게 생활해서도 안 되겠지만, 방전될 때까지 몸을 혹사해서도 안 된다. 내 몸부터 잘 관리해야 좋아하는 일을 마음껏 좋아할 수 있다. 매일 성실하게 달리는 것도 중요하

넷. (멈추지 말자, 나만 아는 열심이라도)

지만 중간중간 충분히 쉬어야 먼 길을 즐겁게 갈 수 있게 된다.

지칠 때에는
그늘에 잠시 기대어 쉬자.
그래야 다시 햇빛 아래로 나갈 힘이 생기니까.

내 마음을 지키는 게
우선이다

타인과 스치며 살아가다 보면 자연스럽게 상처를 주고받게 됩니다. 내가 상대를 조심스럽게 대해도 상대는 나를 그만큼 조심하지 않는 경우가 있기 때문이지요. 어쩌면 상처를 아예 피해 가는 건 불가능에 가까울지도 모릅니다. 그렇지만 원인이 같은 상처라면 내 노력으로 피할 수도 있습니다. 물론 쉬운 일은 아닐 거예요. 가볍게 피해 갈 수 없는 환경도 사람도 있으니까요. 그래도 부단히 노력해야 합니다. 상처 가득한 마음으로는 나에게도, 누군가에게도 건강한 마음을 나누어줄 수 없기 때문입니다.

언제나 당신의 마음을 지키는 일에 힘썼으면 좋겠습니다. 반복되는 원인이 주는 상처는 되도록 피해 가며, 피하지 못해 생긴 상처는 아물 때까지 치료하며 마음을 아꼈으면 좋겠습니다.

힘들다는 말보다
더 힘든 날에

목이 메도록 울어도
눈물의 이유를 알지 못해
속이 답답한 날이 있었다.

힘들다는 말로는
다 표현할 수 없을 만큼
힘든 날이 있었다.

삶은 넘어짐의 연속이었다.
하지만 나는 매번 결국에는 일어났다.

넷. (멈추지 말자, 나만 아는 열심이라도)

예상치도 못한 행운이 찾아와
행복해지는 날도 있었으며
넘어진 나를 일으키는 사람도
항상 존재했기 때문이다.

내가 넘어질 때마다
나를 일으켜 준 사람에게,
그리고 일어나려고 애쓴 나에게
참 고맙다.

주말을 기다리는
평일 아침에

오전 6시 30분. 마지막 알람이 울리자마자 바로 몸을 일으킨다. 딱 10분만 더 자자 하고 욕심부리다가 푹 잠들어 못 일어나게 되는 불상사를 방지하기 위함이다. 잠에 대한 아쉬움은 버스에서 채우자고 스스로를 달래며 화장실로 향한다. 상쾌하게 아침을 맞이했던 적이 언제였을까? 수면시간이 부족한 것은 아닌데 깊게 잠을 못 자는지 아침마다 정신은 몽롱하고 온몸은 뻐근하다. 주말만을 간절히 기다리며 남은 요일을 세어본다.

아침 출근길은 늘 한 시간 10분 남짓. 늘 그렇듯 일등으로 출근해서 사무실 문을 열고 내 자리 근처만 불을 몇 개 켠다. 약간의 어둠 속에서 평온함을 누리며 오늘을 잘 살기 위해 마음을 정돈한다.

너그러운 사람이 될 것.
뭐든 적당히 욕심부릴 것.
미움보다는 다정을 나누는 사람이 될 것.
힘든 일이 들이쳐도 놀라기보다 피할 길을 찾을 것.

내 안의 긍정적인 다짐은 누군가가 조금만 툭 건드려도 도미노처럼 와르르 넘어진다. 매일 아침 하나씩 세운 긍정적인 다짐이 고작 몇 시간 만에 모두 넘어져 어수선한 마음으로 오후를 보내는 일도 많다. 하지만 괜찮다. 다음 날 아침 넘어진 다짐들을 하나씩 다시 세우면 되니까.

나에게 하는
약속

시작은 독서였다. 책장을 넘길 때마다 마음 한구석의 허기가 조금씩 가라앉고, 쓸쓸한 하루에도 온기가 포근히 스며드는 기분이 들었다. 책을 읽으며 내가 경험하지 못한 세상을 구경하고, 나와 비슷한 경험을 한 작가의 이야기에 공감했다. 독서를 하는 순간만큼은 마음껏 어디든 갈 수 있고 누구든 만날 수 있었다.

읽는 즐거움을 알아갈수록, 쓰고 싶은 갈증도 함께 자라났다. 나의 생각과 감정을 글로 표현하고 싶어졌다. 새벽의 고요함에 기대어, 마음속에 떠오르는 단어들을 천천히 반죽해 글로 구워냈다. 울퉁불퉁하고 조금은 서툰 모양이었지만, 그 모양 그대로가 내 모습 같아서 오히려 더 뿌듯했다. 쓰고 싶은 마음이 채워지자 그다음에는 새로운 갈증이 생겨났다.

열심히 반죽하고 구워낸 내 글을 누군가가 맛보았으면…. 누구나 취향이 다르기에 모든 이의 마음에 들 수는 없겠지만, 내 글이 어떤 향을 풍기고 어떤 맛을 내는지 알고 싶었다. SNS에 직접 쓴 글을 한번 올려볼까 하다가도 머뭇거렸다. 내 글이 누군가에게는 유치하고 서툴게만 보일까 봐 부끄러웠기 때문이다.

한참을 망설이다가, 가장 덜 부담스러운 방식을 시도해 보기로 했다. 내 글을 올릴 SNS 계정을 만들어 나를 숨기고 글을 써보자고. 서툴게 구운 글을 올리기 시작했다. 정성껏 반죽해 구워낸 글에서 은근한 향이 배어 나왔고, 시간이 지나면서 그 향을 좋아해 주는 사람들도 생겼다. 어느 정도 자신감이 붙자 글을 쓴 나 또한 세상에 내보일 용기도 솟았다.

작고 사소한 용기를 내줬던 그때의 나에게 고맙다. 어렵게

낸 작은 용기 덕분에 상상할 수 없을 만큼 귀한 선물을 많이 받았다. 내 글을 좋아해서 SNS 계정을 꾸준히 찾아주는 사람들과 나를 스쳐간 수많은 감정과 지나간 시간이 담겨 있는 책이 지금 내 곁을 함께하고 있다.

하고 싶은 일 앞에서 머뭇거리게 될 때면 스스로를 다독이며 약속해 본다.

다른 사람의 시선에 얽매이지 않을 것.
나의 마음이 어디를 향하는지를 더 중요하게 여길 것.
도전할 가치가 있는 일이라면 과감히 용기 낼 것.

넷. (멈추지 말자, 나만 아는 열심이라도)

목적지가 어디인가요

나는 너무 늦어버렸다는 생각, 나만 자리를 잡지 못하고 방황하고 있다는 생각에 마음이 무작정 어디론가 질주하다가 길을 완전히 잃어버리는 날, 내가 가려는 목적지를 모른 채 무작정 질주하다가 길이 아닌 곳에 멈춰 방황하는 날, 그야말로 조급함이 하루를 삼켜버리는 날이다.

하지만 조급해할 필요 없다. 주변 사람들이 얼마큼 갔는지 의식할 필요도 없다. 저마다 나아가는 속도와 목적지가 다르니까. 인생을 살아가는 데 중요한 건 시간이 걸리더라도 내가 원하는 목적지에 올바르게 도착하는 것이니까.

목적지를 아는 사람은 잘못된 길에 들어서도 침착하게 돌아나와 다시 목적지를 향해 떠난다. 하지만 목적지를 잊은 사람은 잘못된 길에 들어서도 무엇이 문제인지 모른 채 방황하다가 지쳐 주저앉는다.

조금 늦더라도 내가 가려는 목적지를 정확히 알고 가는 사람이 되자. 조급함에 무너져 삶을 내주지 말자.

넷. (멈추지 말자, 나만 아는 열심이라도)

나를 믿기
멈추지 말기

막막함과 불안함이 엄습해
아무것도 손에 쥘 수 없을 때는
의심보다 자신감을 가질 것.

무너지기 직전의 상황에서는
자신감이라도 있어야
한 걸음을 뗄 수 있다.

앞날이 순탄하지 않게 느껴지고
잘 가고 있는지 불안한 지금이라도

멈추지 말고 용감하게 나아가길 바란다.
바라던 곳에 도착하게 될 테니.

넷. (멈추지 말자, 나만 아는 열심이라도)

나만 아는
열심이라도

내가 지금 하고 있는 일들이 과연 의미 있는 일일까? 이렇게까지 한다고 누가 알아주기는 할까?

좋아하는 일을 하는 순간에도 의심은 새록새록 피어난다. 열심히 하고 있는데 눈에 띄는 성과는 보이지 않고 나보다 더 뛰어난 사람들이 쉽게 눈에 띌 때는 자괴감에 파묻히고 만다.

그래도 최대한 나를 의심하지 않으려 마음을 다잡고 또 다잡는다. 눈에 띄는 성과를 보이는 사람들은 과정을 눈에 띄

게 드러내지 않았을 뿐 대부분 열심을 다한 사람들이기 때문이다.

비록 지금 뚜렷한 성과가 보이지 않고 다른 사람이 내 노력을 몰라주더라도 힘겹게 쌓은 시간은 내 안에, 내 삶에 전부 남아 있다. 빗방울 같던 작은 노력들이 차츰차츰 굵어져 실력이 되고 마침내 아름다운 강을 이루게 될 거라고 나는 믿는다.

적당한 여유와
적당한 열정으로

일찍 잠드는 게 아쉬워서 무겁게 내려앉는 눈꺼풀을 애써 끌어올리며 깨어 있는 밤. 정신은 이미 반쯤 잠들어 있어서 무얼 할 수도 없는 상태인데 그냥 깨어 있는 것이다. 깨어 있으면 뭐라도 더 할 수 있겠지 싶어서.

하지만 마음과는 달리 얼마 버티지 못하고 그대로 이불 위로 쓰러진다. 쓰러져서 몇 시간 눈을 붙이면 개운치 않은 아침이 온다. 그리고 역시, 지난밤에 늦게 잠든 것을 후회하고 만다.

하루의 끝이 아쉬워서 늦게 잠들고, 하루의 시작이 개운치 않아서 늦게 잠든 것을 후회하고. 잘 살아보고 싶은 마음이 오히려 나를 잘 살지 못하게 만드는 아이러니.

인생을 잘 사는 사람은 적당히 사는 법을 아는 사람일지도 모르겠다. 적당한 여유와 적당한 열정을 가지고 삶의 균형을 잘 잡으며 사는 사람. 오늘은 꼭 일찍 눈을 감아봐야지….

푸딩처럼 말랑하고

부드러운 사람이 되어

팍팍한 세상을 녹여보고 싶다.

다섯

내 사람, 내 사랑

도입부가
좋은 사람

나는 아무리 인기 있고 명곡으로 일컬어지는 노래라고 하더라도 도입부가 마음에 차지 않으면 더 듣지 않는 버릇이 있다. 드러내놓고 말한 적은 없지만, 도입부가 좋은 노래에 유독 집착하는 편이다.

당신은 첫 느낌이 좋았다. 사실 우리가 직접 대화를 나누기 전부터 당신에게 왠지 모를 호감을 느끼고 있기도 했다. 그치만 호감쯤이야 누구에게든 쉽게 느낄 수 있기에, 가벼운 감정이라고 생각하고 당신과 대화를 시작했다.

대화를 나누면서 나는 당신이라는 사람에게 점점 이끌렸다. 듣기만 해도 마음이 편안해지는 적당한 톤의 목소리. 선함이 묻어 있는 눈매에 배어 있는 재치까지. 당신은 내게 도입부가 정말 좋은 사람이었다.

이러다가 괜한 감정이 생기는 건 아닌지 불안한 마음에 도입부만 좋은 사람이었으면 했다. 그런데 대화가 깊어지면 깊어질수록 내 마음도 깊어졌고, 그렇게 내가 즐겨 듣는 재생 목록에는 당신이 담겼다.

다섯. (내 사람, 내 사랑)

내 사람, 내 사랑

당신이 나를 정말 사랑한다는 걸 새삼 느낀 적이 있었다. 내가 언젠가 당신에게 말해줬던, 나도 잊고 있었던 내 이야기를 당신의 입으로 듣던 날. 흘리듯이 한 이야기를 마음속에 고이 담아두고 있던 내 사람, 내 사랑.

당신에게는 예쁜 이야기만 흘려야 되겠다고 생각했다.
당신 마음속에 예쁜 이야기만 담길 수 있게.

오늘도
즐거운 실패

멀리서 당신이 걸어온다. 서로 잘 안 보일 만한 거리인데도 나는 당신을 알아본다. 마주 보면서 서서히 거리를 좁혀 간다. 당신이 내 시야에 들어오면서부터 주변은 블러 처리를 한 것처럼 흐려진다. 당신의 모습은 더 선명해진다. 당신도 그럴까. 주체할 수 없이 삐져나오는 웃음을 참아보려 하지만, 오늘도 역시 실패다.

당신과 가까워지면 공기부터 달라지는 것 같다. 울창한 숲에 둘러싸인 것처럼 숨이 트이다가 세상마저 한없이 밝아진다. 사랑이 걸어오고 있다, 행복이 다가오고 있다.

다섯.　(내 사람, 내 사랑)

언제나 반짝이는
당신이었으면 해

바닷가를 거닐다가 햇빛에 비쳐 반짝거리는 물결을 봤어. 얼마나 예쁘던지 발걸음을 떼지 못하고 그 자리를 한참 지키고 서 있었지 뭐야. 평생을 봐도 질리지 않을 그림 같은 풍경이었어. 윤슬, 당신은 윤슬을 닮았어. 내가 당신을 왜 좋아하게 됐는지 알아? 윤슬처럼 낭만적인 그 웃음 때문이었어. 어떨 때 보면 초여름처럼 싱그럽기도 한.

언제나 그렇게 반짝이는 당신이었으면 해.
빛이 필요하면 세상의 모든 빛을 모아 당신에게 줄게.

만날 이유

빡빡했던 하루에 지쳐서
당신을 못 만나는 게 아니라

빡빡했던 하루에 지쳐서
당신을 만나고 싶었다.

정신없는 일상 속 유일한 도피처이자
내 모든 나날의 안식처이던, 당신.

다섯. (내 사람, 내 사랑)

어떤 모습이든 사랑하니까

불안정한 나여도 사랑해 줄 수 있느냐는 나의 질문에
애초에 불안정한 나를 사랑하게 된 것이라는 당신의 대답.

평생을 휩쓸리고 휘청거리며 살아온 내가
더 이상 어떤 파도에도 휩쓸리지 않았다.
더 이상 어떤 바람에도 휘청거리지 않았다.

사랑은
사람을 변화시킨다

지켜야 할 것이 있으면 사람은 더 강해진다고들 한다.
겪어보니 맞는 말이었다.
나는 원래 그다지 강한 사람이 아니었는데,
네가 나에게 온 뒤로 나는 점점 강해지고 있었다.

지켜야 할 사람이, 사랑이 생겨서.

다섯. (내 사람, 내 사랑)

잃기 전에
잊지 말기

무엇이든 잃기 전에는
자연스레 그 소중함을 망각하며
살아가는 게 우리다.

맑은 하늘에 떠 있는 태양도
어둠을 밝혀주는 달과 별들도
변함없이 소중한 존재이지만

늘 존재했고 늘 존재할 것이라는
굳은 믿음이 익숙함을 낳아

소중함을 잊고 살곤 한다.

익숙해지면 소홀해지기 마련이고
소홀해지면 잃기 마련이다.

서로를 소중히 할 줄 아는
우리였으면 좋겠다.

익숙함까지도 소중히 하는
우리였으면 좋겠다.

다섯. (내 사람, 내 사랑)

금이 가고 깨지기 전에

신뢰는 생각보다 단단하지 않아서,
한 번 금이 가면 깨지기 쉽다.

깨진 조각을 공들여 겨우 붙여낸다 하더라도
작은 충격이라도 받으면
신뢰는 물론이고 관계까지 산산조각 나기 쉽다.

그러니 항상 조심하고, 조심해야 한다.
관계에 금이 가지 않게, 깨지지 않게.

너라는
위안

네가 내 옆에 있어 주는 것만으로도
세상을 살아가는 데 큰 위안이 돼.

그러니 내가 어떠한 이유에서든
힘들어하고 슬퍼할 때에
무슨 말을 어떻게 해야 위로가 될지
고민하지 않아도 돼.

너의 존재가 그 어떤 말보다 힘이 되니까.

다섯. (내 사람, 내 사랑)

계절이 바뀌는
순간을 붙잡다

계절이 지나가는 찰나에
익숙했던 계절을 매듭짓지 못한 마음과 함께
어쩔 수 없이 흘려보내려는데

우리가 같이 앉았던
그 계절의 냄새가 남아
기억의 옷자락을 잡았다.

계절이 바뀌는 순간에도
너를 생각했다, 나는.

후회 없는
삶을 위하여

나는 아직도 마음에 드는 옷 앞에서 나와 어울릴지 안 어울릴지를 몇 번을 고민하고, 보고 싶은 사람에게도 보고 싶다고 선뜻 말하지 못한다. 몇 안 되는 귀한 내 사람들에게 사랑한다고 표현하는 것도 여전히 부끄럽다. 그동안 망설이고 고민하다가 크게 후회하곤 했으면서.

그래도 나는 노력하고 또 노력하고 싶다. 하고 싶은 일 앞에서 망설이지 않고, 사랑하는 사람에게로 뜨겁게 부딪치고, 다정하게 말하는 것도 연습해 보고 싶다. 후회 없이 살아보고 싶다.

다섯. (내 사람, 내 사랑)

당신은 정말 좋은 사람이다

언제나 밝은 모습 때문에 당신을 좋아했다. 외롭고 우울할 수도 있었던 시기를 당신 덕에 무사히 보냈고, 지금도 그럭저럭 잘 지내고 있다.

실은 그런 당신을 그동안 잊고 있었다. 당신이 보이지 않는다는 이유로, 전보다 내가 바빠졌다는 핑계로. 그렇게 잊은 채 별문제 없이 지내다 불현듯 당신의 소식을 알았다. 놀라우리만큼 수척해진 모습이 당신이 보낸 시간과 그동안의 내 공백을 말해주고 있었다. 곧 눈물을 쏟을 것만 같은 당신의 눈을 보고 한없이 미안해졌다. 당신을 좋아한다면서, 제일 힘들고 외로울 때 곁을 떠나 있었다니.

조금 늦었을지 모르지만, 당신에게 꼭 해주고 싶은 말이 있다. 당신은 정말 좋은 사람이다. 밝은 사람이든, 어두운 사람이든 상관없이. 알면 알수록 더 좋은 사람이어서 단 한 번도 당신에게 실망해 본 적이 없다.

당신은 절대 혼자가 아니라는 것을 오랫동안 당신 곁에 머무르며 알려주고 싶다. 이제는 그 우울을 함께 걷어내고 행복해지자.

다섯. (내 사람, 내 사랑)

너에게는 예쁜 이야기만

건네야겠다고 다짐했어.

마음 속에 예쁜 이야기만 담을 수 있게.

낮달

나에게 당신은 어떤 사람이었냐고
누군가 묻는다면 망설임 없이
낮에 떠 있는 달처럼 예뻤다고 말할 것이다.

더없이 특별하고 누구보다 밝아서
나의 평생에 걸어두고 싶은 사람이었다고.

잃어도 괜찮은
사람도 있다

예전에는 사람 잃는 걸 두려워했다.

한 사람도 놓치고 싶지 않아서
혹시 내가 말을 잘못하지는 않았나,
내 행동이 상처를 주지는 않았나,
전전긍긍하며 노력했다.

하지만 이제는 고작 몇 사람 잃는 것 따위 두렵지 않다.
아니, 많은 사람들을 잃는 것도 그다지 두렵지 않다.
나와 관계가 깊은 사람을 잃는 것이 두렵지.

다섯. (내 사람, 내 사랑)

돌아설 준비를 하고 있는 사람을,
이미 돌아섰으면서 아닌 척하고 있는 사람을,
굳이 힘겹게 끌고 갈 필요가 없다.

우리 사이도
언제 어떻게 서로에게서 돌아설지 알 수 없지만
현재에 충실할 것이다.

현재에 충실하고
과거에 연연하지 않고
미래에 집착하지 않을 것이다.

나의 사랑은
틈에 있다

연애 따위 더는 하고 싶지 않다고 생각하던 때가 있었다. 연애를 제외한 내 삶도 충분히 재미있었고, 흥미도 쉽게 싫증도 쉽게 느끼는 나로서는 천천히 인내심을 가지고 누군가를 알아가야 하는 연애가 부담스러웠다.

또 사랑이 어렵게 느껴지기도 했다. 저마다 자라온 환경, 함께해 온 사람, 삶의 가치관이 다를 테니 서로를 이해하지 못해 자주 충돌할 것이 뻔해 보였다.

그러다 우연히 한 사람을 만났고, 오랫동안 닫혀 있던 마음의 창이 어렵게 열렸다. 이 사람과는 성향이나 가치관이 잘 맞는다고 생각해 만난 것이었는데도 의외로 안 맞는 부분이 튀어나왔다. 그럴 때면 버릇처럼 연애를 그만두고 싶은 마음이 불쑥불쑥 솟았지만 가까스로 외면하며 연애를 이어갔다. 한 번은 제대로 된 사랑을 해보고 싶었기 때문이다.

연애를 해도 금방 헤어지는 나를 보고 누군가 그랬다. 혼자 고민하고 이별을 결정하지 말고, 더 많이 대화해보라고. 싸워도 괜찮으니까 대화를 통해 관계를 풀어나가라고. 어렵게 시작한 연애를 그만두고 싶을 때마다 그 말을 떠올리며 대화를 시도했다.

처음에는 당연히 어려웠다. 내 생각과 감정을 솔직하게 표현하는 게 익숙하지 않았다. 하지만 한 번, 두 번 대화를 시도하고 문제를 해결하면서 전보다는 대화가 수월해졌다. 대화를 통해 서로 노력하는 부분이 생기면서 어긋나는 일도 차츰 줄어들었다.

틈을 이유로 떠나지 않고
틈을 사랑으로 메워주는 것.

나는 이제 사랑을 살짝 알 것 같다.

다섯. (내 사람, 내 사랑)

당신과
함께라면

사람과 사람이 서로에게 소중한 존재가 되는 데에
얼마나 오래 알고 지냈는지는 중요하지 않지만
이왕이면 우리는 오래 알고 지냈으면 좋겠어요.

긴 시간 속에서
서서히 가까워지다 찐득하게 달라붙어
쉽게 떨어지지 않는 인연이 되었으면 해요.

마음에도
공짜는 없다

세상에 공짜가 없듯 사람 마음에도 공짜는 없다.
대부분 준 만큼 받길 원하고 받은 만큼 주게 된다.

물론 공짜로 주고 싶은 마음도 있긴 하겠지만
공짜로 주기만 하는 마음은 아무래도 지치기 쉽다.

다섯. (내 사람, 내 사랑)

섬세한 사람이
좋은 이유

기억력이 남다르게 좋은 편은 아니지만 가까운 사람들이 해준 이야기는 세세히 기억한다. 상대방은 별걸 다 기억하고 있다고 말할 정도로 사소한 것까지도. 잊고 살아도 문제가 될 게 없으니 기억한다는 건 내 나름대로 애정을 표하는 것이다. 어떤 사람들을 만났었지, 그 사람은 어떤 것에 관심이 있었지, 어떤 음식을 좋아하고 싫어했지 등등. 다양한 질문을 하고 질문에 대한 답들을 기억의 창고에 쌓아두는 과정이 즐거운 것도 있다.

누군가를 좋아해 본 사람이라면 알지 않을까. 그의 사소한 것까지 전부 알고 싶고 기억하고 싶은, 그런 마음을 말이다.

신경 쓰는 만큼, 애정이 있는 만큼 기억도 태도도 섬세해진다. 나에게 섬세한 사람을 보면 인생을 걸고 싶을 정도로 마음이 간다. 내가 하는 말을 섬세하게 기억해 주고, 나를 섬세하게 배려해 주고, 섬세하게 사랑 표현을 해주는 사람. 나는 섬세한 사람이 좋다.

다섯. (내 사람, 내 사랑)

전하지 못한 말

하고 싶은 말을 종종 참았다.

이 말을 하지 않으면 가슴속에
응어리가 생길 것만 같지만,
내가 아무리 말을 해도
당신에게는 그 말이 닿지 않을 것 같아서.

어렵게 겨우 닿는다고 하여도 내 진심이 왜곡되어
당신은 결국 내가 보여주려는 마음을 보지 못할 것 같아서.

절대 놓치면
안 되는 사람

값비싼 선물은
물질적으로 여유가 있는 사람이라면
누구나 해줄 수 있지만

선물 같은 날들을 만들어주는 건
누구나 해줄 수 있는 일이 아니다.

인생에서 정말 꼭 붙잡고 지켜야 하는 사람은
멋진 선물을 해주는 사람보다
선물 같은 날들을 만들어주는 사람이다.

다섯. (내 사람, 내 사랑)

오늘 하루도
정말 고생 많았다

매일매일 빠르게 달라지는
변화무쌍한 세상을 살고 있지만,
인생의 첫 순간을 돌이켜보면
우리는 결코 빠르지 않았다.

긴 시간을 기다려 태어났고,
걸음마를 뗐고,
말문을 틔웠다.
세상에 속하기까지 오랜 시간이 걸렸다.

살면서 수많은 처음을 경험하는 우리가
어른이 되어도 서툰 것은 어쩌면 당연한 일 아닐까?

기다려주지 않는 세상을 바삐 따라가려 애쓴 당신,
오늘 하루도 정말 고생 많았다.

다섯. (내 사람, 내 사랑)

에필로그

해가 바뀔 때마다 느끼는 게 있다면 세월이 너무 빠르게 흘러간다는 것.
정신없이 하루를 보내고 나면 어느새 한 달이 지나 있고,
그렇게 쌓인 시간이 한 해를 채운다.

바쁘게 흘러가는 일상 속에서
우리는 지금 이 순간을 충분히 누리지 못하고 행복을 잊은 채 살아간다.

지난날을 돌아볼 때 기억에 남는 건

크고 대단한 순간들보다 소소하고 따뜻했던 순간들이었다.

먼 훗날 오늘을 떠올릴 때
아쉬움보다는 따뜻함이 남을 수 있도록,
내게 주어진 이 시간을 더 아끼고 사랑하며 살고 싶다.

행복하게 삶을 흘려보내고 싶다.

(에필로그)

작은 행복은 늘 함께 있어

초판 1쇄 인쇄	2025년 7월 22일
초판 1쇄 발행	2025년 7월 29일
지은이	권서희
책임편집	김혜영
디자인	유은
책임마케팅	최혜령, 박지수, 도우리
마케팅	콘텐츠IP사업본부
해외사업	한승빈
경영지원	백선희, 권영환, 이기경, 최민선
제작	재영P&B
펴낸이	서현동
펴낸곳	㈜오팬하우스
출판등록	2024년 5월 16일 제2024-000141호
주소	서울특별시 강남구 테헤란로 419, 11층 (삼성동, 강남파이낸스플라자)
이메일	info@ofh.co.kr

ⓒ 권서희
ISBN 979-11-94930-48-8 (03810)

- 스튜디오오드리는 ㈜오팬하우스의 출판브랜드입니다.
- 이 책은 저작권법에 따라 보호받는 저작물이므로 무단전재와 무단복제를 금지하며, 이 책 내용의 전부 또는 일부를 사용하려면 반드시 저작권자와 ㈜오팬하우스의 서면동의를 받아야 합니다.
- 책값은 뒤표지에 표시되어 있습니다.
- 잘못된 책은 구입하신 서점에서 바꿔드립니다.